W0088577

Horst Marquardt

Gott schenkt Gelingen

Bestell-Nr.: RKW 5027

© 2021 Kawohl Verlag, 46485 Wesel

Titelbild: Getty Images / Grassetto
Autorenporträt: © PRO / Christoph Irion
Lektorat: Ulrich Parlow
Lektorat, Satz und Gestaltung: RKW / J. Dörr
Korrektorat: Inge Frantzen

Druck und Verarbeitung:
Drukarnia Dimograf, Bielsko-Biała, Polen

ISBN 978-3-86338-027-4   www.kawohl.de

Horst Marquardt

Gott schenkt Gelingen

52 Andachten

kawohl

Inhaltsverzeichnis

Zum Anfang des neuen Jahres

Ich bin der Weg und die Wahrheit und das Leben.
Johannes 14,6

Als Jesus vor seiner Kreuzigung im Gespräch mit seinen Jüngern darauf hinwies, dass er nicht mehr lange unter ihnen bleiben würde, waren sie sehr betroffen. Auf ihre Frage, wohin er denn wolle, sprach er davon, dass er in das Haus seines Vaters gehen würde. Das verstanden sie nicht. Einer von ihnen, Thomas, äußerte seine Zweifel und bekannte, dass er Jesus nicht verstehe: „Wir wissen nicht, wohin du gehst. Wie sollen wir dann den Weg dorthin finden?" Jesus antwortete: „Ich bin der Weg. Ich bin die Wahrheit. Ich bin das Leben." Sich auf Jesus einlassen, ihm vertrauen, mit ihm eins werden – allein das verbindet mit Gott, jetzt hier auf Erden und auch einmal in der Ewigkeit. Ich finde das richtungsweisend für das vor uns liegende Jahr.

Dieses Wort ist in den letzten Jahren zunehmend in die Kritik geraten. Sowohl Vertreter anderer Religionen als auch manchmal Christen meinen, das sei ein überhöhter Anspruch Christi, der in unserer modernen Welt nicht akzeptiert werde.

Interessant in diesem Zusammenhang ist eine Erfahrung des 1998 verstorbenen Theologen und Philologen Friso Melzer, der lange in Indien lebte und lehrte. Melzer macht darauf aufmerksam, dass im griechischen Urtext des Neuen Testaments hier vor dem Wort „Weg" der bestimmte Artikel steht. Damit wird angezeigt, dass es sich um eine besondere Betonung handelt. In den indischen Sprachen gibt es keinen Artikel. Wer dieses Wort Jesu bezeugt, muss entweder „allein" oder „einzig" hinzusetzen.

Melzer hat einmal in einer Versammlung über das Jesus-Wort „Ich bin der Weg" gesprochen. Unter den Zuhörern fiel ihm ein freundlich lächelnder älterer Brahmane auf. Den befragte Melzer nach dem Vortrag, ob er dem Gesagten zustimmen könne. Darauf der Brahmane: „Sir, bitte lassen Sie nur ein ganz kleines Wörtlein weg, dann stimme ich allem zu." Auf Melzers Frage, was er damit meine, erwiderte der: „Sie sagen immer ‚Jesus allein'. Bitte lassen Sie nur dieses ‚allein' weg und wir alle werden Ihren Jesus verehren, wie wir uns auch vor Krishna beugen oder Buddha verehren."

In der indischen Sprache Malayalam heißt „kleines Wörtlein" Alpan oder Svalpam. Um dieses „klein" als besonders gering wiederzugeben, sprach der Brahmane von „Svalpalpalpam", so als ob wir im Deutschen „klitzeklein" sagen wollten.

Melzer antwortete: „Wie dürfte ich dieses Wort fortlassen? Es deutet auf die Hauptsache hin. Auf diesen Zusatz ‚allein' oder ‚einzig' können wir nicht verzichten. Jesus ist der einzige Wegbereiter und zugleich der Verbindungsweg zu Gott, dem himmlischen Vater. Wer auf anderen Wegen wandert, kommt woanders hin – nach Walhall oder ins Nirwana, aber das sind Wege ins Nichts, wie sich am Jüngsten Tag zeigen wird." Der Brahmane hörte lächelnd zu und zog schweigend davon.

Mehr als Zufall

Mein Herz ist bereit, Gott,
mein Herz ist bereit, dass ich singe und lobe.
Herr, ich will dir danken unter den Völkern,
ich will dir lobsingen unter den Leuten.
Psalm 57,8.10

Jakob Jambazian, der Leiter der armenischen Sendungen von Trans World Radio (TWR), besuchte auf einer Amerika-Reise den ebenfalls aus Armenien stammenden Pastor Adjemian. Der sollte einige Ansprachen auf Tonband sprechen. Frau Adjemian lag krank im Bett. Die gastfreundliche Frau litt darunter, dass sie ihren Gast nicht selbst bedienen konnte, sondern andere es für sie tun lassen musste. Ihr Mann, bereits über 70 Jahre alt, hatte mehrere schwere Operationen hinter sich und fühlte sich nicht recht wohl. In einem Nebenzimmer stellten sie das Aufzeichnungsgerät bereit und begannen mit den Aufnahmen. Die Hände von Pastor Adjemian zitterten leicht. Das erschwerte ihm das Ablesen des Manuskripts. Er musste es näher an sein Gesicht halten und verdeckte dadurch das Mikrofon. Das Rascheln des Papiers verursachte unliebsame Nebengeräusche. Die Stimme war auch nicht mehr so kräftig wie in früheren Jahren, als sie in Beirut zusammen die ersten Aufnahmen gemacht hatten.

Zurück in Deutschland, stellte Jakob Jambazian die Sendung zusammen. Der Tontechniker bemängelte die Qualität der Aufnahmen. Dass Gott jedoch auch so etwas gebrauchen kann, zeigte sich einige Zeit später. Denn eine Hörerin schrieb aus Kuwait: „Zu unserem Erstaunen und zu unserer Freude entdeckten wir Euch im Radio und hören jetzt jeden Morgen die Kurzwellensendungen von TWR über Radio Monte Carlo in guter Qualität. 6:15 Uhr ist eine sehr günstige Zeit für uns hier in diesem arabischen Ölland. Wir stammen aus Armenien, sind nach Syrien geflüchtet, wanderten dann in den Libanon, das Paradies des Orients. Wir wollten Geld verdienen und im Wohlstand leben. Aber der plötzliche Bürgerkrieg hat alles zerschlagen. So zogen wir weiter nach Kuwait. Hier gibt es Arbeit und Geld, aber wir sind fern von der lieben Heimat, den schönen Bergen Libanons, dem Meer und unseren armenischen Freunden. Hier sind viele Armenier. Wir möchten Ihnen sagen, dass fast alle hier Ihre Sendungen hören. Heute Morgen erfreuten mich wieder die schönen Lieder und dann sprach Herr Adjemian. Er hatte eine so zarte, aus dem Herzen kommende Botschaft, die mich derart ansprach, dass ich heute Morgen Jesus Christus als meinen Heiland aufgenommen habe. Meine Freude ist unendlich groß, ich sage allen, denen ich begegne, sie sollen auch diesen Sender hören." Pastor Adjemian und die Schreiberin des Briefes hatten im Libanon gelebt. Der Bürgerkrieg brachte den einen nach Kalifornien und die andere nach Kuwait und ein Armenier, der in Deutschland lebte, organisierte eine Sendung, durch die ein Mensch zu Jesus Christus fand. Das war ohne Frage mehr als ein Zufall.

Ein Amokläufer wird gestoppt

Gelobt sei der Herr täglich.
Gott legt uns eine Last auf, aber er hilft uns auch.
Psalm 68,20

In der Übertragung „Hoffnung für alle" heißt das zitierte Bibelwort einschließlich des folgenden Verses: „Gepriesen sei der Herr für seine Hilfe! Tag für Tag trägt er unsere Lasten. Er ist ein Gott, der eingreift, wenn wir in Not sind; ja, unser Herr kann sogar vom Tod erretten."
Die Wahrheit dieser Verheißung erfuhr vor einigen Jahren die US-Amerikanerin Antoinette Tuff, die als Buchhalterin an einer Grundschule in Decatur

bei Atlanta im Bundesstaat Georgia arbeitete. Als der 20-jährige Michael Brandon Hill schwer bewaffnet mit einem Schnellfeuergewehr und 500 Schuss Munition in die Schule stürmt, stößt er auf Antoinette Tuff und nimmt sie als Geisel.

Sie hat große Angst. Still betet sie und versucht, beruhigend auf den potenziellen Amokläufer einzuwirken. Später sagt sie aus: „Ich habe ihm angesehen, dass er töten wollte." Er habe ihr erklärt, dass für ihn das Leben sinnlos sei. Seinen Vater habe er nie gekannt, seine Mutter sei tot. Er wisse, dass er psychische Probleme habe, aber seine Medikamente habe er nicht genommen.

Antoinette Tuff kann unbemerkt den Notruf betätigen, der aufgezeichnet wird. Bis Hilfe kommt, vergehen 14 Minuten. Sie spricht mit dem Eindringling. Sie versichert ihm, dass sie ihn nicht hasse, und erzählt ihm aus ihrem Leben: Ihr Ehemann habe sie im vergangenen Jahr nach 33 Jahren Ehe verlassen, anschließend habe sie sich das Leben nehmen wollen. „Wir alle gehen durch schwere Zeiten." Dann spricht sie von ihrem schwerbehinderten Sohn. Schließlich gelingt es ihr, Michael Brandon Hill dahin zu bringen, das Gewehr fallen zu lassen. Sie kann die bald eintreffende Polizei davon überzeugen, den Geiselnehmer nicht zu erschießen.

Antoinette hatte kurz zuvor in ihrer Gemeinde gelernt, in Krisenlagen ruhig zu bleiben. Ihr Pastor habe darüber gesprochen, wie wichtig es ist, alle

Lasten im Leben abgeben zu können an Christus, bei dem wir Halt finden.

Die „Befreiung" der Frau

Die Welt vergeht mit ihrer Lust.
1. Johannes 2,17

Die „Mutter des Feminismus", Simone de Beauvoir (1908–1986), war eine Frau, die mit ihren Gedanken die Wertvorstellungen der westlichen Welt wesentlich verändert hat. Gutbürgerlich-katholisch erzogen verlor sie mit 15 Jahren ihren Glauben an Gott, weil sie meinte, entdeckt zu haben, Gott habe auf ihr Verhalten keinen Einfluss. Sie wollte Schriftstellerin werden.

Die Publizistin Gabriele Kuby schreibt dazu: „Es schockierte Simone de Beauvoir, dass Abtreibung als Verbrechen galt. Sie sagte: ‚Was sich in meinem Körper zuträgt, geht doch niemanden außer mir etwas an.' Mit 20 ging sie nach Paris. Über ihren Einstieg in den existenzialistischen Künstlerkreis schrieb sie: ‚Ich schwang mich mit dem gleichen Eifer auf den Barhocker, mit dem ich als Kind vor dem Allerheiligsten in die Knie gesunken war.' Beauvoir lebte mit Jean-Paul Sartre zusammen. Er wollte weder Ehe, Kinder noch eine gemeinsame Wohnung. Sie stimmte dem zu. Beide waren begeistert von der Idee, den Menschen neu zu erschaffen."

Beauvoir rühmte sich zweier Abtreibungen. In ihrem Pariser Salon richtete sie eine Abtreibungsstation ein. Sie begann eine Kampagne, in der sich prominente Frauen der Abtreibung bezichtigten, um das Verbot zu Fall zu bringen.

Hat diese sogenannte „Befreiung der Frau" die Menschen glücklicher gemacht? Ist unsere Gesellschaft dadurch gefördert worden? Die Mehrheit hat diese Entwicklung über sich ergehen lassen, viele haben sie sogar gutgeheißen. Nur verschiedene Lebensrechtsgruppen, die katholische Kirche und einige evangelische Vertreter haben sich dagegengestellt, insgesamt zu wenige. Mit der Ehrfurcht vor Gott schwindet auch die Ehrfurcht vor dem Leben.

Wir sollten nicht aufhören zu staunen über werdendes Leben. So hörte zum Beispiel der Prophet Jeremia Gottes Stimme: „Ich kannte dich, ehe ich dich im Mutterleib bereitete" (Jeremia 1,5). David betete: „Deine Augen sahen mich, da ich noch nicht bereitet war" (Psalm 139,16).

Diese uns bedrückenden Missstände sind gewiss nicht einfach mit Bibelworten zu kurieren. Es braucht Menschen, die Ehrfurcht haben vor Gott, seinem Wort und seinen Ordnungen. Es fehlen mehr Menschen, die bewusst gegensteuern, wenn unsere Gesellschaft nicht bleibenden Schaden nehmen soll. Wir brauchen Menschen, die feststehende Werte anerkennen, Menschen, die nicht gegen Gott anrennen und seine Ordnungen bekämpfen. Denn ein Mensch, der auf Werte vertraut, die nicht tragen, betrügt sich selbst.

Bewährter Glaube

Gott aber sei gedankt, der uns allezeit
im Triumph mitführt in Christus!
2. Korinther 2,14

Misstrauen gegenüber Gott und Zweifel an seiner Führung verunehren die Erfahrung aller, die vor uns geglaubt haben, die das Dennoch des Glaubens sprachen und deshalb auch nicht zuschanden wurden.
Ich will an Gott dranbleiben bis zum Tage meines Todes. Ich brauche nicht überrascht zu sein, dass der „alt böse Feind", der Teufel, bemüht ist, mir meine Glaubenskraft zu rauben. Der zu seiner Zeit sehr bekannte Theologe und Schriftsteller Ernst Modersohn (1870–1948), der während des Zweiten Weltkriegs ein Rede-, Reise- und Schreibverbot erhielt, sagte einmal: „Der Feind ist bemüht, uns um lebenswichtige Verbindungen mit Gott zu bringen. Der Herr kann nur hinter dir stehen, wenn du vor ihm gestanden hast." Einmal grundsätzlich, als ich mich Christus zugewandt habe, aber auch

seither in vielen Phasen meines Lebens habe ich mit dem Glauben Erfahrungen gemacht, die ich in den Dreiklang fassen kann: „Geschenkter Glaube, geprüfter Glaube, bewährter Glaube."

Der englische Prediger Charles H. Spurgeon (1834–1892) hat das auf seine Weise erfahren. Er half oft Kranken, obwohl er selbst ein angeschlagener Mann war. Einmal sagte er: „Das Krankenbett kann zur Kanzel werden. Das gereifte Wesen seiner leidenden Christen dient Gott ebenso zur Ehre wie die Taten seiner in der Arbeit stehenden Diener."

Dass der Glaubende Gott in jeder Lage vertrauen kann, erklärte einer der Väter der rheinisch-westfälischen Erweckungsbewegung, der Elberfelder Gerbermeister und Lederhändler Johann Peter Diederichs, seinen Freunden auf einer Kutschfahrt so: „Ihr müsst es nur machen, wie ich es auf dieser Fahrt mache. Ihr seht nach vorne und ängstigt euch vor jedem Stein und Schlammloch auf dem Weg. Ich sitze rückwärts und sehe alles erst, wenn wir hinüber sind. Jede Untiefe und jeder Stein, den ich sehe, ist mir ein Grund zum Loben und Danken dafür, dass wir glücklich vorüber sind."

Geöffnete Augen im Knast

Wo aber die Sünde mächtig geworden ist,
da ist die Gnade noch viel mächtiger geworden.
Römer 5,20

Aus der Bibel wissen wir, wie wunderbar diese göttliche Zusage ist. Zugegeben, das ist nicht einfach zu verstehen, besonders wenn einer viel „Dreck am Stecken" hat. Und dennoch darf der, welcher seine Schuld gerne los wäre, mit der Gnade Gottes rechnen. Gnade zu erleben ist etwas Großartiges und Frohmachendes.

Wir kennen aus dem allgemeinen Sprachgebrauch die Redewendung „Gnade vor Recht ergehen lassen". Da hat also einer etwas getan, was Strafe verdient, aber der, der strafen könnte, verzichtet darauf. Bibelleser wissen: In ungleich größerem Maß geschieht das im Glauben an Jesus Christus. Ich darf vor Jesus aussprechen, was an Unrechtem geschehen ist. Wer zugibt, was in seinem Leben gegen Gottes Ordnung geht, dem gilt die biblische Zusage: „Wenn wir unsere Sünden bekennen, so ist er treu und gerecht", das heißt, wenn ich bekenne, was Gottes Ordnung nicht entsprach, entfaltet er seine Gnade und nimmt die Sünden weg. Das kann so weit führen, dass man auch die Erfahrung des Apostels Paulus macht: „Die Gnade unseres Herrn hat mich förmlich überschüttet"

(1. Timotheus 1,14). Gottes Gnade zu erleben ist also kein einmaliger Vorgang.

Mir hat es geholfen, auf die alte Wurzel des Wortes „Gnade" zurückzukommen. Es kommt von dem althochdeutschen „ginada", worin die Bedeutung „sich herabneigen" steckt. Gott neigt sich zu mir herab und erfülltes Leben und lebendiger Glaube sind die Folge.

Einer, der Gottes Gnade erlebte, war Timo, von dem ich in einer Publikation des Blauen Kreuzes las. Timo, ein Häftling, berichtet: „Als ich 2015 in Haft kam, wusste ich: Das ist meine letzte Chance, mein Leben in die Hand zu nehmen. Doch ich war im Knast in einer Umgebung, in der Drogen auf der Tagesordnung stehen. 24 Stunden ist man mit seinen Problemen, Ängsten und Sehnsüchten allein. Ich betäubte mich jeden Tag, um mit der Situation klarzukommen. Im Strafvollzug bemerkte man meine Hoffnungslosigkeit und versuchte mir zu helfen. Meine Sucht stand mir dabei immer wieder im Weg, bis ich vom Blauen Kreuz und der Gnade Gottes erfuhr. Es war, als ob jemand einen Schalter in mir umlegte. Ich bekam wieder neuen Lebensmut und Energie, um mein Leben neu zu ordnen und in Gottes Hand zu geben. Jetzt weiß ich: Gott macht Maßarbeit! Ich bin ein neuer Mensch geworden und bin, obwohl noch im Knast, frei."

Bedrohtes Leben

Mein Geist ist in mir geängstet.
Psalm 143,4

Regelmäßige Bibelleser sind immer wieder überrascht, wie oft Erfahrungen und Empfindungen
geschildert werden, die sie aus ihrem eigenen Leben kennen. Mir geht das so, wenn ich bestimmte
Psalmen lese, zum Beispiel Psalm 143. Den hat ein
Mann geschrieben, der sich dessen gewiss war,
dass Gott Gebete erhört (Vers 1). Er war dankbar
dafür, dass der Höchste gerade dann hilft, wenn
sich der Beter schmerzlich seiner Unzulänglichkei-
ten bewusst wird und wenn er sich seiner Verfehlungen schämt.
Oft wird auch gebetet, weil Feinde von innen oder
außen Sorge bereiten. Der Beter des Psalms 143
ruft: „Der Feind verfolgt meine Seele und schlägt
mein Leben zu Boden" (Vers 3). Vielleicht war er
einer Feindschaft ausgesetzt, die aus dem eigenen Herzen kommt, wie Sorge, Ärger oder Neid.
Oder es zeigten sich Feinde öffentlich. Das ist
auch in unserer Zeit zu erfahren. Christen in islamischen oder hinduistischen Ländern erleben das.
Sie werden gehasst und um ihres Glaubens willen
verfolgt. Vielleicht aber entsteht Feindschaft auch
durch wirtschaftliche Schwierigkeiten oder die

politische Lage. Das beklagten vor Jahren Christen in Burundi.

Ich war seinerzeit für den ERF in diesem zentralafrikanischen Land. Ich besuchte Freunde, die erlebt hatten, wie furchtbar es ist, wenn Feinde, in diesem Fall waren es Terroristen, vor der Tür stehen. Sophonie, der Hausbesitzer, hörte eines Tages Geräusche und Waffengeklirr. Er betete um Schutz und bat Gott um Hilfe. Er blieb bewahrt. Einige Zeit später erzählte ihm einer der ehemaligen Terroristen, der inzwischen Christ geworden war, dass einer aus der Truppe sagte, während er vor der Tür stand: „Er betet." Er berichtete weiter: „Wir waren nur ein paar Meter von dir entfernt. Wir hätten durch die Tür schießen können, aber wir haben uns einfach nicht getraut, weil du gebetet hast."

Da gibt es manche Nacht, in der der Schlaf gestört ist, und Tage, die einem grau und verloren erscheinen. Mancher betet: „Ich weiß nicht mehr weiter und bin vor Angst wie gelähmt" (Vers 4).

Der Beter von Psalm 143 hat Bedrohung und Angst erlebt. In solcher Lage wird auf einmal seine Erinnerung wach. Er denkt zurück an früher und daran, wie Gott ihm geholfen hat. Er sagt Gott: „Ich halte mir deine großen Taten vor Augen" (Vers 5). Voll Hoffnung, dass Gott auch dieses Mal helfen werde, streckt er ihm im Gebet seine Hände entgegen. Die bedrohliche Situation quält ihn. Es kommt ihm vor, als stehe er auf ausgedörrtem Land und warte auf Regen. Darum betet er, was auch wir bitten dürfen, wenn wir in Bedrängnis sind: „Ich breite meine Hände aus zu dir, meine Seele dürstet nach dir wie ein dürres Land" (Vers 6).

Gott schenkt Gelingen

Bei Gott ist kein Ding unmöglich.
Lukas 1,37

Manches in meinem Leben erscheint mir wie eine Illustration bestimmter Bibelworte. Als ich 1960 zum Aufbau des ERF berufen wurde, war es zum Beispiel Psalm 147,15: „Er sendet seine Rede auf die Erde, sein Wort läuft schnell." Wir sendeten damals ausschließlich über Kurzwelle. Ein Kurzwellensignal kann zur gleichen Zeit rund um den Erdball empfangen werden. Und tatsächlich meldeten sich Hörer aus allen Ecken der Erde. Vor allem aber reagierten natürlich Hörer aus unserer Region. Bis zu 500 Zuschriften erreichten uns an einem Tag, ein Zeichen für die „offene Tür", die uns – wie seinerzeit dem Apostel Paulus – gegeben war (1. Korinther 16,9 u. a.).

Erstaunlich war es für mich, mitzuerleben, dass und wie Gott unsere wachsende Organisation Monat für Monat und Jahr für Jahr mit allem versorgte, was zum Leben erforderlich war. Auftretende Probleme waren offensichtlich für Gott kein Problem. Reichte das Geld und waren genug Mitarbeiter am Werk, fehlten Arbeitsräume. Zu einer anderen Zeit stand genug Platz zur Verfügung, aber es hätte finanziell besser aussehen können. Dennoch zu erleben, dass Gott immer wieder half – manchmal nach bangen Wartezeiten –, war und ist für mich eine Bestätigung des Wortes: „Bei Gott ist kein Ding unmöglich" (Lukas 1,37). Inzwischen wirkt der ERF seit 60 Jahren.

Für den ersten Evangelisationskongress 1990 hatten wir eine große Halle gemietet. Wir erwarteten 5.000 Besucher. Doch die Anmeldungen gingen nur schleppend ein. Es sah so aus, als ob wir das Ziel nicht erreichen würden. Da erinnerten wir uns als Veranstalter an das Wort Jesu: „Euch geschehe nach eurem Glauben!" (Matthäus 9,29). Gott schenkte Glauben. Am Tag des Kongressbeginns hatten wir 5001 Anmeldungen!

Bei unserer Eheschließung wurde meiner Frau und mir ein Wort mitgegeben, dessen tiefere Wahrheit wir erst im Laufe der Jahre erfuhren: „Gott aber kann machen, dass alle Gnade unter euch reichlich sei, damit ihr in allen Dingen allezeit volle Genüge habt und noch reich seid zu jedem guten Werk" (2. Korinther 9,8). „Stimmt das denn?", fragten wir uns. Das Gehalt, das unser Missionswerk zahlte, war doch recht klein. Wir waren dankbar, wenn es bis zum Monatsende reichte. Ich zögerte anfangs, wenn es darum ging, Geld zu opfern. Doch sehr bald lernten meine Frau und ich, wie wertvoll es ist, wenigstens den zehnten Teil des Einkommens für die Sache Gottes zur Verfügung zu stellen, für Kirche, Mission und zur Hilfe für Notleidende. „Bringt aber die Zehnten in voller Höhe in mein Vorratshaus, auf dass in meinem Hause Speise sei, und prüft mich hiermit, spricht der Herr Zebaoth, ob ich euch dann nicht des Himmels Fenster auftun werde und Segen herabschütten die Fülle" (Maleachi 3,10). Eine gewaltige Zusage Gottes! Ein Leben lang haben wir erfahren, dass er Wort hält.

Unerschütterlicher Glaube

Freuet euch in dem Herrn allewege,
und abermals sage ich: Freuet euch!
Eure Güte lasst kund sein allen Menschen!
Der Herr ist nahe!
Philipper 4,4.5

Das Wort aus dem Philipperbrief weist in die Zukunft: Jesus wird wiederkommen. Wann? Er sagte: „Bald" (Offenbarung 22,20). Wenn man Kindern vor Weihnachten sagt: „Bald ist es so weit", erscheint ihnen das furchtbar lange. Einem Erfolgreichen, der begeistert an seiner Arbeit ist, verfliegt die Zeit. Wir ähneln eher den Kindern, die auf das Fest warten.

Erklärte Gegner des Christentums haben biblische Aussagen über die Wiederkunft Jesu ignoriert. Sie machten andere Versprechungen. Es waren trügerische Vorhersagen. Das war in der früheren Sowjetunion so und ist auch heute so in China. Die Kirchen- und Missionsgeschichte lehrt, dass gerade das Wissen um den wiederkommenden Herrn viel Kraft und Trost schenkt, besonders in Zeiten des Leidens und der Verfolgung. Diktaturen bekämpfen darum diese Hoffnung.

Der Herr kommt bald – wie lange muss die Gemeinde noch warten? Keiner weiß das. Steht die Gemeinde Jesu also auf unsicherem Boden? Nein, denn die Gemeinde lebt, weil immer Menschen da sind, die mit dem kommenden Endsieg Gottes über alle Widerstände der Welt rechnen.

Lebt die Gemeinde Jesu in einer Wahnvorstellung? Dann wird sie keinen Bestand haben. Oder beruht die Hoffnung der Gemeinde auf Wahrheit? Dann ist ihr Dasein hoffnungsvoller als die Macht aller Weltreiche zusammen. Die Gemeinde kann sich freuen und an dieser Freude alle Anteil nehmen lassen, die nicht wissen, wie schön es ist, in der Nähe Jesu zu leben.

Von einer Frau, die bezeugen konnte, wie nahe der Herr ist, die aber auch in der Erwartung des wiederkommenden Jesus Christus lebte, berichtete einmal der vor Jahren heimgegangene russische Baptistenprediger Karev. Er hatte auf einer Reise diese Frau besucht. Karev wusste, dass sie seit Jahren krank war. Aber es war ihm nicht bekannt, wie weit die Krankheit inzwischen fortgeschritten war. Er traf eine Frau, der man Arme und Beine hatte amputieren müssen. Beim Abschied bat die Frau den Besucher, einen Schrank zu öffnen und ein Geschenk herauszunehmen, das für ihn vorbereitet war. Karev fand ein kleines Deckchen mit einer Stickerei. „Das habe ich für dich gemacht", rief die Kranke vom Bett. Karev fragte: „Du? Wie denn?" – „Eine Schwester aus der Gemeinde hat mir einen Stickrahmen mitgebracht und über meinem Kopf an der Decke so befestigt, dass ich ihn herunter-lassen kann. Dann lasse ich mir einen Faden einfä-deln, stecke mit den Zähnen die Nadel in den Stoff, drehe mit der Nase den Rahmen herum und ziehe auf der anderen Seite die Nadel wieder heraus." Und was hatte diese Frau gestickt? Karev las es mit innerer Bewegung. Es war das Wort des Apostels Paulus: „Freuet euch in dem Herrn allewege."

Verfolgung

Ihr werdet meine Zeugen sein.
Apostelgeschichte 1,8

Anant Raam Gand (40), Vater von fünf Kindern, war Anfang des Jahres getauft worden. Schon wenig später wurde er vor den Augen seines sechsjährigen Sohnes aus dem Haus geschleppt und von Fanatikern ermordet. Der Grund dafür war, dass er und seine Familie sich zum christlichen Glauben bekannt hatten, was die lokalen Hindus nicht akzeptieren wollten. Gand ist nicht der Einzige, der um seines Glaubens willen sein Leben lassen musste. Wir gedenken seiner und der vielen Leidensgefährten.

Jesus hat seine Nachfolger ermutigt, bei ihm zu bleiben, auch unter widrigen Umständen, und ihm treu zu sein bis in den Tod. Viele, die es gelernt haben, ihr Vertrauen auf Jesus Christus zu setzen, bekennen sich zu ihm, auch wenn sie nicht die Zustimmung ihrer Umgebung finden.

Es gäbe den christlichen Glauben nicht mehr, wenn nicht immer wieder weitergegeben worden wäre, wie viel Freude, Kraft und Mut der Glaube schenkt. Seit dem Tod und der Auferstehung Jesu haben sich Männer und Frauen zu ihm bekannt. Viele von ihnen haben ihr Glaubenszeugnis teuer bezahlen müssen. Sie wurden verhaftet und verhört, gefoltert oder gar getötet, wenn sie zu Jesu Zeugen wurden.

Stephanus, einer der ersten Christen, wurde gesteinigt. Viele mussten um ihres Glaubens willen den Weg in den Tod gehen, so etwa Bischof Ignatius von Antiochien, der böhmische Reformator Jan Hus, viele Christen als Opfer der Nazis, Kommunisten und Islamisten. Voller Beschämung und Bewunderung denkt man an Männer und Frauen, die ihre Treue zu Christus mit dem Leben bezahlt haben. Jesus Christus hat das angekündigt: „Haben sie mich verfolgt, so werden sie auch euch verfolgen" (Johannes 15,20). Bei anderer Gelegenheit sagte er: „Selig seid ihr, wenn euch die Menschen um meinetwillen schmähen und verfolgen" (Matthäus 5,11). Die Verfolgung ist eine Folge der Nachfolge.

Einer meiner Freunde meinte einmal, wir sollten nicht vergessen, dass auch wir uns in unserem Glauben zu bewähren haben, zwar nicht mit Hingabe des Lebens, aber doch mit Mut, Aufrichtigkeit und Ehrlichkeit. „Ihr habt das Vorrecht, nicht nur an Christus zu glauben, sondern auch für ihn zu leiden" (Philipper 1,29). So will ich mit Fassung und ohne Groll ertragen, was meinen Glauben erschweren will – das Unverständnis der Umgebung, den Spott Unwissender oder die Gleichgültigkeit einer Gesellschaft, die nur auf das eigene Fortkommen und Wohlergehen bedacht ist.

Vom Zuchthäusler zum Friedensboten

*Der Gott der Hoffnung aber erfülle euch
mit aller Freude und Frieden im Glauben.*
Römer 15,13

Wer sich von Jesus Christus mit Hoffnung be-
schenken lässt, der weiß auch, was Friede ist. Ich
meine jetzt nicht den oft beschworenen Weltfrie-
den, sondern den Frieden des eigenen Herzens.
Was einer erreichen kann, wenn göttlicher Friede
sein Leben bestimmt, konnte man an Moses M.
sehen, den ich auf einer meiner Afrika-Reisen kennen lernte.

Moses war ein früherer Zuchthäusler. 13 mal hatte
er hinter Gittern gesessen, unter anderem wegen
eines Banküberfalls. Er war ursprünglich bei der
Fluggüterüberwachung angestellt gewesen, dann
aber an Alkohol geraten. Seitdem war es mit ihm
bergab gegangen. Als er bereits einige Zeit hinter
Gittern war, brachte ihm eines Tages ein Gefäng-
nismissionar eine kleine Schrift. Die schilderte die
Abgründe des menschlichen Herzens, aber auch
die Retterliebe Jesu. Diese Lektüre schlug bei ihm
ein. Gott benutzte sie, um Moses' Leben zu verän-
dern. Er wurde im wahrsten Sinne des biblischen
Wortes ein neuer Mensch.

Nach seiner Lebenswende suchte er eine sinnvolle Tätigkeit. Doch niemand wollte den vielfach Vorbestraften anstellen. Eines Tages hörte er eine innere Stimme. Ihm war klar, dass sich Gott bemerkbar machte. Wer sonst hätte ihm sagen sollen, was er da hörte: „Kümmere dich um Menschen, denen noch geholfen werden kann." Er musste nicht lange darüber nachdenken, wer diejenigen sein könnten, denen zu helfen wäre. Ihm standen die Kinder in den Slums von Nairobi vor Augen. Viele dieser Kinder waren elternlos. Ihnen zu helfen, sah er nun als seinen Auftrag.

Die Stadtverwaltung gab ihm ein kleines Stückchen Land inmitten der Elendsquartiere. Zeitweilig kümmerte er sich dort um annähernd hundert Kinder. Er baute eine laubenähnliche Gebetshütte, etwa sechs mal drei Meter groß. Wenn die Kinder sich in der kleinen Hütte trafen, standen sie so eng gedrängt, dass nichts mehr auf den Boden fallen konnte. Als ich ihn besuchte, waren etwa 50 Jungen und Mädchen versammelt. Sie sangen und beteten, angeleitet von Moses' Frau und einer Mitarbeiterin. Selten habe ich eine friedvollere Atmosphäre empfunden wie in jener Stunde in der kleinen Hütte. Da wurde vom Frieden, den Jesus schenken kann, nicht nur erzählt. Es bleibt mir unvergesslich, wie der Friede geradezu greifbar war.

In Geiselhaft

*Weil ihr für mich betet und Jesus Christus mir
durch seinen Geist beisteht, bin ich sicher,
dass hier alles zum Besten für mich ausgehen wird.*
Philipper 1,19

Wie sich das auswirkt, wenn für bedrohte Menschen gebetet wird, erfuhr vor etlichen Jahren Terry Waite. Er war Sonderbeauftragter des Erzbischofs von Canterbury, des Oberhaupts der anglikanischen Kirche. Waite war im Januar 1987 nach Beirut gereist, um dort über die Freilassung westlicher Geiseln zu verhandeln, die von islamischen Extremisten gekidnappt waren. Er ging davon aus, dass selbst brutale Revolutionäre Integrität, Aufrichtigkeit und Offenheit schätzen würden. Er irrte sich. Man nahm ihn gefangen. Über vier Jahre wurde er in einer Einzelzelle festgehalten, gefesselt an Händen und Füßen. Mit Kabelenden schlugen ihm seine Peiniger immer wieder auf die Fußsohlen oder weckten ihn mitten in der Nacht. Einmal sagten seine Entführer zu ihm: „Du hast noch fünf Stunden zu leben." Man erlaubte ihm noch, einen Brief zu schreiben. Mit einem Fetzen Stoff musste er sich selbst die Augen verbinden. Dann verspürte er die Mündung einer Pistole am Kopf. Er wartete, aber es fiel kein Schuss. Es war eine Hinrichtung zum Schein.

Später erzählte er, nur seine Fantasie und sein Gottvertrauen hätten ihm geholfen, in dieser Zeit durchzuhalten. Terry Waite, Vater von vier Kindern, hatte Theologie studiert und sich der kirchlichen Laienorganisation „Church Army" angeschlossen. Als Bischofsberater war er unter anderem in Uganda tätig gewesen. 1980 war er zum „Beauftragten für die inneren Angelegenheiten" des Erzbischofs von Canterbury ernannt worden. Angehörige der Church Army organisierten nach seinem Verschwinden einen ständigen Gebetsdienst. Trotz vieler Gerüchte, er sei umgekommen, wurde in hundert anglikanischen Kirchen Großbritanniens eine „Terry-Waite-Gebetsecke" eingerichtet. Tausende von Christen in Großbritannien und darüber hinaus beteten in großer Treue. Ende 1991 wurde dieses Gebet erhört: Nach 1763 Tagen ließ man ihn schließlich frei.

Gott hört

Wer Ohren hat, der höre!
Offenbarung 2,7

In mancher Predigt kann man es hören, in manchem Buch oder Zeitungsartikel lesen: Gott hört, wenn Menschen ihn anrufen. Umgekehrt, so sagt es die Bibel, spricht Gott auf seine Weise und Menschen können es hören.

In vielen Jahrzehnten meines Dienstes in der Radiomission habe ich miterlebt, dass Gott spricht und dass Menschen hören, wenn er mit ihnen redet. Bemerkenswert finde ich, dass Gott es immer wieder geschenkt hat, dass lebensmüde Menschen oft im letzten Augenblick den Anruf ihres Schöpfers hörten. Einen erreichte Gottes Wort, weil der Nachbar sein Radiogerät sehr laut eingestellt hatte. Ein anderes Mal wollte sich einer von einer Brücke stürzen, auf der ein Angler saß. Dieser hatte sein Radio an, aus dem gerade in dem Moment ein Redner seine Zuhörer so überzeugend ermutigte, dass der Mann von seinem geplanten Selbstmord Abstand nahm. Ein anderer, der einmal allem täglichen Trubel aus dem Wege gehen wollte, war in den Norden Finnlands gereist. Nicht viele Sender konnte er dort empfangen, aber der eine, den er sehr deutlich hörte, übertrug einen christlichen Vortrag, der Anstoß gab zu einer lebensverändernden Entscheidung.

In einem christlichen Radiostudio in Westafrika war Abdoulaye Sangho für die Arbeit verantwortlich. Einmal traf er nach der Aufnahme einer Sendung, in der ein Bibelwort ausgelegt worden war, einen alten Afrikaner, der ihn fragte: „Bist du Abdoulaye Sangho?" Als er die Frage bejahte, erzählte ihm der alte Mann: „Ich bin ein Moslem und ich lebe in der Moschee. Ich verbringe alle meine Nächte dort und höre eure Radiosendungen. Was ihr sagt, ist wahr. Ich würde auch gern deinen Glauben teilen, aber ich habe Angst vor der Gemeinschaft, vor den Menschen, mit denen ich zusammenlebe. Ich weiß nicht, wie sie reagieren würden."

Abdoulaye antwortete: „Ich war ebenfalls Moslem, auch meine Eltern und die ganze Familie. Aber durch Gottes Wort ist mein Leben neu geworden. Ich weiß, dass Jesus mir meine Sünden vergeben und mich gerettet hat. Ich gehöre ihm im Leben und im Sterben. Kein Moslem kann dir das sagen und zusichern." Genau das wollte dieser alte Mann hören. Er wollte wissen, ob er gerettet sei. Er hatte sein Ohr und sein Herz für die Botschaft von Jesus geöffnet.

Jesus ist stärker

Jesus trieb die Geister aus durch sein Wort.
Matthäus 8,16

Viele junge und alte Menschen in unserer Gesellschaft sind von sich selbst überzeugt. Es ist oft nicht leicht, ihnen zu vermitteln, welche Freude es bringt, sich treu zu Jesus zu halten, mit dem lebendigen Gott zu rechnen und mit seiner Kraft, der Kraft des Guten.

Im Gegenteil: Es geschieht so viel Böses, oft unerklärlich. Da sind zum Beispiel die vielen, die sich in den sozialen Medien bekämpfen. Mord- und Terroranschläge häufen sich. Manche sprechen dann von teuflischen Attacken.

Christen wissen, dass ihr Herr Jesus Christus gekommen ist, um die Werke des Teufels zu zerstören. Als er auf der Erde lebte, war er eines Tages Gast im Hause des Petrus. Am Abend des Tages wurden viele Besessene zu ihm gebracht, „und er trieb die Geister aus durch sein Wort und machte alle Kranken gesund", wie Matthäus berichtet.

Gibt es so etwas immer noch? Sicher! Schade, dass nicht öfter darüber gesprochen wird. Auf meinen Reisen bin ich Menschen begegnet, die bezeugen konnten, dass sie von bösen Geistern befreit wurden.

Unlängst wurde mir das auch aus Ägypten berichtet. Es war auf der dortigen alljährlichen Buchmesse, wo fast vier Millionen Besucher anschauten, was 800 Aussteller zu zeigen hatten. Unter diesen Ausstellern war die ägyptische Bibelgesellschaft. Eine Frau trat an deren Stand. Sie fragte, ob man ihr helfen könne. Sie brauche etwas, was ihr Schutz biete vor einem bösen Geist, der sie plage. Irgendjemand hatte ihr gesagt, dass sie hier Hilfe finden könnte; sie sollte nach den Psalmen fragen. Der Mitarbeiter der Bibelgesellschaft erklärte ihr, dass sie Hilfe nur von Jesus erwarten könne, und erzählte ihr von Jesus. Die Frau war so dankbar, dass sie eine Bibel für sich erbat.

Am selben Tag trat auch ein junger Mann an den Stand der Bibelgesellschaft. Er hatte einen Videoclip mitgebracht, dessen Inhalt beweisen sollte, dass die biblische Berichterstattung über David nicht korrekt sei. Im sich daraufhin ergebenden Gespräch mit den Mitarbeitern der Bibelgesellschaft konnten die Argumente des jungen Mannes ausgeräumt werden. Am Ende des Gesprächs kaufte er sich eine Bibel.

Gute Nachricht für Versager

… nur dass der Mensch nicht ergründen kann
das Werk, das Gott tut, weder Anfang noch Ende.
Prediger 3,11

Abraham Lincoln (1809–1865), einer der einflussreichsten Präsidenten der Vereinigten Staaten von Amerika, sammelte während eines Kriegszuges als junger Mann eine Gruppe freiwilliger Soldaten um sich. Meist wurde derjenige, der eine solche Truppe um sich scharte, zu ihrem Kommandeur gemacht und erhielt einen militärischen Rang. Auf diese Weise bekam Lincoln den Rang eines Hauptmanns.

Er hatte aber keine Ahnung vom Soldatenleben. Er war nie zuvor beim Militär gewesen. Das Wort Strategie kannte er nur vom Hörensagen. Selbst simpelste militärische Befehle waren ihm nicht geläufig. Als er einmal die Gruppe von 40 Mann in Marschkolonne quer über einen Acker führte, scheiterte er an einem Gatter, mit dem das angrenzende Feld eingezäunt war. Lincoln berichtete später: „Ich konnte mich einfach nicht an den richtigen Befehl erinnern, wie man die Kompanie der Länge nach aufstellt. Als wir fast vor dem Zaun standen, rief ich schließlich: ‚Kompanie wird für zwei Minuten entlassen und stellt sich auf der andern Seite wieder auf.'"

Lincolns Einfluss in der Armee sank. Während andere Offiziere befördert wurden, degradierte man ihn. Zuletzt war er nur noch Gefreiter. Zu seinem Glück und zum Wohl des ganzen Landes entwickelte er auf anderem Gebiet mit der Zeit mehr Einfluss, aber der Weg dahin war weit.

Ray Pritchard hat sich mit dem Problem beschäftigt. Er schreibt unter anderem: „Auch für Versager gibt es eine gute Nachricht: 1. In der Bibel sind viele Geschichten abgrundtiefen Versagens verzeichnet: Abraham log wegen seiner Frau; Mose tötete einen Mann; David beging Ehebruch; Petrus verleugnete Jesus. 2. Gott ist darauf spezialisiert, Versagern zu einem Neuanfang im Leben zu verhelfen. 3. Versagen muss nicht endgültig sein."

Abraham Lincoln wurde nicht nur vom Hauptmann zum Gefreiten degradiert. Auch in seinem Zivilleben hatte er eine Reihe von Niederlagen zu verkraften: 1831 eine Geschäftsaufgabe, ein Jahr später eine Niederlage in einem Wahlkampf, 1833 ein zweites Geschäftsversagen. 1836 hatte er einen Nervenzusammenbruch. 1838 und in den darauf folgenden Jahren erlitt er fünfmal Niederlagen bei Kongress- und Senatswahlen. 1846 kam es zu einer Niederlage bei der Wahl zum Vizepräsidenten und 1858 hatte er eine weitere Niederlage zu verkraften. Erst fast 30 Jahre später, 1860, wurde er endlich zum Präsidenten gewählt. Wer heute von Abraham Lincoln spricht, würde ihn nie einen Versager nennen.

Die Kraft der Auferstehung

Der Herr ist wahrhaftig auferstanden.
Lukas 24,34

Der Leib des gekreuzigten Jesus war in ein Felsengrab gelegt worden. Ein großer Stein verschloss den Eingang. Das war das Problem für die Frauen, die am dritten Tag in aller Frühe auf dem Weg zum Grab waren. Sie wollten den Leichnam salben. Am Grab angekommen, entdeckten sie jedoch, dass der Stein bereits weggerollt, das Grab geöffnet war. Aber der Leichnam war nicht mehr da. Kurze Zeit später trafen sie den auferstandenen Jesus. So ging es auch den beiden Jüngern, die auf dem Weg nach Emmaus waren. Sie begegneten Jesus. Ihre Freude war groß. Sie verkündeten es laut: „Der Herr ist wahrhaftig auferstanden."

Mit gewaltiger Kraft, einem Erdbeben, hatte Gott gezeigt, dass der Tod nicht das letzte Wort hat (Matthäus 28,2). Nur kurze Zeit blieb der auferstandene Jesus bei seinen Leuten. Dann holte Gott ihn in den Himmel, in sein Reich, in die unsichtbare Wirklichkeit und Herrlichkeit. Der Verstand kann das nur schwer fassen. Doch können wir glauben, dass die Auferstehung wirklich geschehen ist und dass Jesus lebendig ist. Er gestattet uns, mit ihm zu sprechen, mit ihm zu rechnen, ihm zu vertrauen.

Der Apostel Paulus, der die Botschaft von Jesus vor über 2.000 Jahren nach Europa brachte, bekannte: „Ich will die mächtige Kraft, die Christus aus den Toten auferstehen ließ, an meinem eigenen Leib erfahren" (Philipper 3,10).

Wirkt sich die Kraft der Auferstehung auch heute aus? Ja. So gibt es etwa in den Häusern der „Lebenswende" in Falkenstein und Hamburg immer wieder Beispiele der lebensverändernden Kraft, die von Jesus Christus ausgeht. Esbin Navarro Lara, ein Fremdsprachenkorrespondent und Bürokaufmann, berichtet, wie er als Quereinsteiger dort begann und Therapiemitarbeiter wurde. Er schreibt unter anderem: „Auf den ersten Blick könnte man denken, dass ich mit meinen zwei Ausbildungen eine mehr oder weniger gerade Berufslaufbahn hinter mir habe. Doch in Wahrheit ist meine Vergangenheit von Sucht und Hoffnungslosigkeit geprägt gewesen, bis ich den Herrn Jesus Christus kennenlernen durfte. Er befreite mich in einem Prozess der Heilung von meinen zerstörerischen Neigungen, die ich über die Jahre entwickelt hatte. Der Glauben an meinen Herrn hat aus mir eine neue Kreatur in Christus gemacht. Gott hat mir ein neues Leben geschenkt, welches mit neuen Zielen, neuem Denken und Wünschen verbunden ist."

Aufgrund seiner eigenen Erfahrung kann Lara mithelfen, Menschen mit dem Auferstandenen bekannt zu machen, der auch denen ein neues Leben schenken will, die keine Hoffnung mehr haben, dass aus ihnen noch etwas werden könnte.

Immer oben, doch nie glücklich

*Ist jemand in Christus, so ist er eine neue Kreatur;
das Alte ist vergangen, siehe, Neues ist geworden.*
2. Korinther 5,17

Lothar war erfolgreich in der Öffentlichkeit tätig. Doch innerlich blieb er unbefriedigt. Darum veränderte er sich beruflich. Er wurde Geschäftsführer eines größeren Unternehmens. Eines Tages ist er mit seinem Wagen unterwegs auf der Autobahn. Plötzlich sieht er ein Schild: „Autobahnkirche". Er biegt ab, fährt zu dem Kirchlein, geht hinein und ist angenehm berührt von der Stille. Beim Hinausgehen entdeckt er eine kleine Schrift, die über den christlichen Glauben spricht. Er nimmt sie mit.
In den darauffolgenden Tagen beschäftigt er sich mit dem Inhalt. Vieles versteht er nicht. Kurze Zeit später wird er in eine christliche Versammlung eingeladen, in der vor allem Führungskräfte angesprochen werden. Einer aus der Gruppe nimmt sich seiner besonders an. Sie treffen sich öfter. Es kommt zu interessanten Gesprächen über den christlichen Glauben. Er hat viele Fragen. Sein Gesprächspartner wird langsam zu einem Freund, der auf die Fragen, die Lothar hat, Antwort geben kann.
Eines Tages erkennt Lothar, dass Jesus Christus nicht nur irgendeine geschichtliche Gestalt war,

sondern dass er der Helfer ist. Er erkennt, dass manches in seinem bisherigen Leben falsch gelaufen ist. Er erfasst, dass er Jesus Christus um Vergebung bitten kann. Von ihm empfängt er Hilfe, den Willen Gottes zu erkennen und daraus für sein Leben die Konsequenzen zu ziehen. Er fängt an, regelmäßig in der Bibel zu lesen. Auf diese Weise gewinnt er eine neue Perspektive für sein Leben. Manche Gewohnheit, manches Denkklischee gibt er auf. Er beschreibt das mit folgenden Worten: „Immer ,oben' sein, Karriere, Erfolg und Anerkennung, das war meine Devise. Aber ich wurde damit nicht wirklich glücklich."

Lothar hatte erkannt, wie wahr das Jesuswort ist: „Niemand kann zwei Herren dienen: Entweder er wird den einen hassen und den andern lieben, oder er wird an dem einen hängen und den andern verachten. Ihr könnt nicht Gott dienen und dem Mammon" (Matthäus 6,24). Von da an begann Lothar, sich mit Freude an Jesus Christus zu orientieren, und sagte: „Ich könnte mir ein Leben ohne ihn heute nicht mehr vorstellen."

Einige Jahre lebte und arbeitete er mit ganz neuer Freude und Kraft. Er scheute sich nicht, von der einschneidenden Veränderung seines Lebens zu berichten, im kleinen Kreis, aber auch im öffentlichen Umfeld. Dann erkrankte er schwer. Ärzte konnten nichts mehr für ihn tun. Im Vertrauen auf den Herrn, der im Leben half, konnte er auch sterben.

Jesus ist Sieger

Wer den Namen des Herrn anruft,
wird selig werden.
Römer 10,13

Es war auf einer meiner Afrika-Reisen. Nach einem Sonntagsgottesdienst in der Hauptstadt der Elfenbeinküste, Abidjan, wurde ich mit einer Lehrerin bekannt gemacht, die mir ihre Geschichte erzählte. Jahre zuvor hatte sie plötzlich die Stimme verloren. Sie konnte nicht mehr unterrichten und wurde daraufhin in die Schulbibliothek versetzt. Sie wollte jedoch unbedingt wieder sprechen können und ließ sich daher von allen möglichen Ärzten und Medizinmännern behandeln. Doch keiner konnte ihr helfen.

Dann hatte sie eine Begegnung mit einer Christin. Die sagte ihr: „Wenn du wirklich Heilung suchst, dann gibt es nur einen, der dir helfen kann, und das ist Jesus. Gehe zu jemandem, der dir von Jesus erzählen kann, und lass dir von ihm helfen. Geh doch zu einem Pastor." Die Frau befolgte diesen Rat, suchte einen Seelsorger auf, erzählte ihm ihre Geschichte und bat ihn um Hilfe.

Dieser Mann wies ihr den Weg zu Jesus und ermutigte sie, ihm ihr Leben anzuvertrauen. Das tat sie auch. Am Ende des Gesprächs wollte der Pastor mit ihr beten, weil er wusste: „Wer den Namen des Herrn anruft, wird selig werden." Anfänglich sah es so aus, als würde das Gebet nicht erhört. Es zeigte sich, dass die Frau offensichtlich von dunklen Mächten beherrscht wurde und besessen war. Was in unserem Kulturkreis keiner wahrhaben will, zweifelt man in anderen nicht an. Beim Gebet des Seelsorgers fiel die Frau zu Boden und wand sich wie eine Schlange. Rückblickend erklärte sie, dass sie damals von einem Schlangengeist besessen war, dessen finstere Macht sie beherrschte. Der Seelsorger war nicht überrascht; so etwas begegnete ihm nicht zum ersten Mal. Er gab nicht auf und betete weiter mit der Frau. Sie wurde frei und konnte wieder sprechen.

Die Lehrerin ging danach durch schwere Anfechtungen. Immer wieder versuchte die dunkle Macht, sie zurückzugewinnen. Schließlich war der Kampf entschieden. Jesus erwies sich als stärker. Die Frau war nun frei. Sie bezeugte Christus. Ihr Mann, ein Moslem, konnte sich jedoch nicht mit ihr freuen. Er wollte nicht mit einer Christin verheiratet sein und trennte sich von ihr. Es erschütterte mich, zu hören, dass dieser Mann zwar mit einer kranken, besessenen Frau leben konnte, aber nicht mit einer gesunden Christin. Er nahm die Kinder mit. Ein Gericht ordnete immerhin an, dass die Frau ihre Kinder alle zwei Wochen sehen dürfe.

Im Unglück verschont

Geduld aber habt ihr nötig,
auf dass ihr den Willen Gottes tut
und das Verheißene empfangt.
Hebräer 10,36

In Indien kam ein junger Mann aus einer muslimischen Familie durch eine Sendung von Trans World Radio (TWR) zum Glauben an Jesus Christus. Eines Tages lud TWR zu einer Veranstaltung ein, in der Menschen weitergeführt werden sollten, die unlängst zum Glauben gekommen waren. Der junge Mann hätte gern daran teilgenommen. Da sein Vater schon verstorben war, musste er – islamischem Brauch folgend – den ältesten Bruder um Erlaubnis bitten. Der aber gestattete die Reise nicht.
Der junge Mann war sehr betrübt. Er hätte doch so gern an dem Treffen teilgenommen. Er betete: „Lieber Herr Jesus, wenn du willst, kannst du es ermöglichen, dass ich fahre." Aber nichts geschah. Das Warten war quälend. Dann aber, am letzten Tag vor der Konferenz, wenige Minuten vor Abfahrt des Busses, sagte der ältere Bruder zum jüngeren: „Also meinetwegen. Dann fahre!" Dankbar und froh begann der junge Christ seine Reisen. Über zehn Stunden war er unterwegs. Während der Konferenz wurden die Teilnehmer

auch gefragt, ob sie den Mut hätten, Christus zu bezeugen. Wie froh war der junge Mann, dass er nicht feige geschwiegen hatte. Seine Geduld war auf eine lange Probe gestellt worden.

Jeder, der in einer ähnlichen Situation ist, weiß, wie verrückt die Gedanken spielen können. Man fragt sich ernstlich: „Liege ich richtig mit meinem Glauben? Warum ist der andere so stur?" Es gehört wirklich Glaubenskraft dazu, zu erwarten, dass Gott sich auf die Seite des Glaubenden stellt. Doch Jesus hat uns dieses feste Versprechen gegeben: „Wer nun mich bekennt vor den Menschen, zu dem will ich mich auch bekennen vor meinem Vater im Himmel" (Matthäus 10,32).

Das durfte der junge Christ nun auch erleben. Denn kurze Zeit später kam es zu einer Unwetterkatastrophe. Die Bewohner des Dorfes mussten ihre Häuser verlassen. Nur er, der junge Christ, nicht. Das Haus seines Bruders, in dem auch er lebte, wurde verschont und zum Zufluchtsort für viele, die sich so in Sicherheit bringen konnten.

Ein Gott, der Wunder tut

Aller Augen warten auf dich,
und du gibst ihnen ihre Speise zur rechten Zeit.
Psalm 145,15

Hans, ein Kanadier, der in Afrika arbeitete, nahm Woche für Woche ab. Erst merkte es seine Frau, dann die Kinder, später die Freunde und Kollegen. Seine Frau bereitete ihm mit Liebe die Speisen zu, dennoch verlor er weiter an Gewicht. Kein Arzt wusste Rat. Viele Verwandte und Freunde beteten für ihn. Scheinbar blieb das Gebet unerhört.

Es wurde ihm empfohlen, sich in der Heimat untersuchen zu lassen. Aber auch in Kanada konnte man ihm nicht helfen. Auf dem Rückflug nach Afrika saß er neben einem Arzt, dem er seine Geschichte erzählte. Dieser lud ihn ein, sich von ihm untersuchen zu lassen. Bereits beim zweiten Termin sagte ihm der Mann, ein Facharzt für innere Medizin, dass der Hormonhaushalt der Nebenniere nicht in Ordnung sei, und empfahl eine Ernährungsumstellung. Hans hielt sich an die Empfehlungen und gesundete.

Was für eine Geschichte! Hunderte von Passagieren sitzen in dem großen Flugzeug. Unter ihnen ein spezialisierter Facharzt. Und welch „Zufall": Gerade Hans ist sein Sitznachbar. Jeden Tag war für ihn gebetet worden. Er hatte schon die Hoffnung aufgegeben, dass diese Gebete erhört würden. „Aller Augen" waren auf Gott gerichtet. Die Gute Nachricht Bibel übersetzt: „Alle blicken voll Hoffnung auf dich." Die Begegnung mit dem Arzt war schließlich Gottes „rechte Zeit". Ist diese Kette von Führungen nicht erstaunlich?

Wiederholt werden Menschen, die den lebendigen Gott kennen und ihm vertrauen, aufgefordert, mit außergewöhnlichen Erfahrungen zu rechnen. Nicht nur der Sänger von Psalm 145, sondern auch Asaf, ein anderer Psalmendichter, hatte dieses Vertrauen und konnte darum singen: „Du bist der Gott, der Wunder tut" (Psalm 77,15).

Das zeigt mir: Ich kann Großes von Gott erwarten. Er sieht mich, er kennt mich. Manchmal hilft er sehr bald. Ich muss mich nicht lange quälen. Anderen Menschen mutet Gott eine längere Wartezeit zu. Um das zu erfahren, muss ich nicht krank sein. Immer wieder stoße ich an Grenzen. Wie gut, in jeder Lage Gottes Geleit erfahren zu dürfen und die Wahrheit des Wortes: „Du bist der Gott, der Wunder tut."

Jahrelang gefangen – lebenslang befreit

Zieht den neuen Menschen an.
Epheser 4,24

Wassilij hatte schon mit 18 so viel auf dem Kerbholz, dass ihn die russischen Strafvollzugsbehörden zu 20 Jahren Zuchthaus verurteilten. Die schwere Strafe machte keinen Eindruck auf ihn. Er schlug sich mit anderen und floh aus der Haftanstalt. Er wurde gefasst und ins Gefängnis zurückgebracht. Man sperrte ihn in eine dreckige kleine Einzelzelle.

Seine Mutter arbeitete auf einer staatlichen Dienststelle. Ihr Büro war gegenüber einer Gemeinde der Baptisten in Kiew. Eines Tages kam eine der Frauen aus der Gemeinde mit der Mutter ins Gespräch. Die schüttete ihr Herz aus. Es folgten einige Begegnungen. Die Christin gab der Mutter eines Tages für den Sohn ein Neues Testament mit. Sie versprach, für die Mutter und ihren Sohn zu beten. Bei einem der wenigen Besuche konnte die Mutter ihrem Sohn das Neue Testament geben. Der las es auch. Das Gelesene packte ihn. Er las das Neue Testament mehrmals. Bestimmte Passagen lernte er auswendig. Je mehr er das Gelesene auf sich wirken ließ, desto stärker wurde ihm die Bedeutung Jesu Christi bewusst. Eines Tages wandte er sich an den, von dem er immer wieder gelesen hatte, sprach mit ihm, bekannte ihm sein verfehltes Leben und erbat von ihm die Kraft für einen neuen Anfang.

Einige Zeit später wurde ihm die Gewissheit geschenkt: „Mir sind meine Sünden vergeben." Sein Verhalten änderte sich. Er fluchte und tobte nicht mehr. Er war nicht mehr aufsässig. Man konnte vernünftig mit ihm reden. Die Aufseher, die anfänglich an einen Trick des Häftlings glaubten, merkten, dass mit ihm tatsächlich eine Veränderung vorgegangen war. Nach einigen Jahren setzte sich die Anstaltsleitung für eine vorzeitige Entlassung des Gefangenen ein. Was keiner für möglich gehalten hatte, geschah: Vier Jahre vor dem eigentlichen Haftende wurde er tatsächlich entlassen und verließ mit 34 Jahren das Gefängnis.

Am ersten Sonntag nach der Haftentlassung besuchte er die Gemeinde, in der er die Frau wusste, die für ihn gebetet und seiner Mutter das Neue Testament gegeben hatte. Er bedankte sich für alle Liebe, die man ihm hatte zuteilwerden lassen. Am Ende des Gottesdienstes fragte der Pastor nach handwerklich geschickten Leuten, die bei einem Bauvorhaben mithelfen könnten. Wassilij meldete sich. Er leistete eine gute Arbeit und wurde für die Gemeinde schnell zu einem gern gesehenen und begehrten Mitarbeiter.

Alle spürten das aufrichtige Bemühen des Mannes, in der Freiheit wieder klarzukommen. Es war eine Freude, ihm zu begegnen. Sehr bald begann er, sich für solche Menschen einzusetzen, die – wie er einst – inhaftiert waren. Er besuchte Gefangene, kümmerte sich um sie und schenkte ihnen Neue Testamente. Er wurde ein treuer Zeuge von Jesus Christus und machte dessen Namen bekannt.

Engel bewahren auf der Straße

Der Engel des Herrn lagert sich um die her,
die ihn fürchten, und hilft ihnen heraus.
Psalm 34,8

Vor einiger Zeit wollte ich einem bestimmten biblischen Begriff nachgehen. Dazu benutzte ich eine Konkordanz. Ungesucht stieß ich auf das Wort „Engel". Überrascht war ich, dass Engel hundertmal im Alten und 165 mal im Neuen Testament erwähnt werden. Engel leben in der unsichtbaren Wirklichkeit Gottes, wirken aber von Zeit zu Zeit in unsere sichtbare Welt hinein. Sie selber sind in der Regel nicht zu sehen, dafür aber das, was sie tun. Das erlebte ich zum Beispiel als Rundfunkjournalist. Eines Nachts kamen wir von einer Reportage. Müde machte ich es mir auf dem Rücksitz bequem. Ich weiß nicht, wie lange ich geschlafen habe. Plötzlich wachte ich durch einen Knall auf. Ganz benommen versuchte ich, mich zu orientieren, war aber ziemlich verwirrt, als ich durch das Fenster den nächtlichen Himmel sah. Was machte das Fenster über mir? Es war ein Unfall passiert, unser Auto lag auf der Seite. Der Lenker des Fahrzeugs war aus dem Wagen geklettert, unverletzt. Wie ich aus dem Wagen gekommen bin, weiß ich nicht mehr. Mir ist auch entfallen, was anschließend geschah. Wo waren wir, was war mit den anderen Mitfahrern, was mit dem Auto? Aber ich weiß, dass ich anfing zu begreifen, dass ich den Unfall unbeschadet überstanden hatte und noch lebte. Der Engel des Herrn hatte sich um mich gelagert.

Ein anderes Erlebnis hatte ich in der Zeit kurz nach dem Zweiten Weltkrieg. Die Straßen waren nur notdürftig wiederhergestellt. Viele Brücken lagen gesprengt in den Flüssen, Kanälen oder Schleusen. Eines Abends war ich mit einigen Kollegen im Auto unterwegs. Keiner kannte die Straße. Wir hatten keine Karte, und Navigationsgeräte waren noch nicht erfunden. Wir fuhren schnell, wollten heim. Plötzlich, ohne jedes vorherige Flackern oder etwas Ähnliches, ging das Licht aus. Kein Scheinwerferlicht mehr, alles dunkel. Diese Dunkelheit wirkte bedrohlich. Der Wagen war in voller

Fahrt gewesen, der Fahrer brachte ihn zum Stehen. Einige der Kollegen schimpften. Was war los? Wir stiegen aus. Einer ging nach vorn, in Fahrtrichtung. Er machte ein paar Schritte, um dann erschrocken stehen zu bleiben und uns zuzurufen: „Kommt mal her, aber ganz vorsichtig!" Er stand am Rand einer gesprengten Brücke. Viele Meter ging es in die Tiefe. Nur zehn oder zwölf Meter von diesem Abgrund entfernt stand unser Wagen. Ohne Beleuchtung. Wäre das Licht nicht ausgegangen, wir wären weitergefahren und unweigerlich in den Fluss gestürzt. Gott hatte seine Hand über uns gehalten. Engel hatten dafür gesorgt, dass das Licht ausging. Auch den Freunden, die mit im Wagen saßen, wurde bewusst: Das war kein Zufall, sondern Bewahrung!

Unter Gottes Schutz

Wer unter dem Schirm des Höchsten sitzt …
Psalm 91,1

Wolfgang war mit seiner Einheit bei einer Übung der Bundeswehr. Es war Nacht. Sie waren aufgeteilt in kleinere Gruppen und übten einen Angriff. Das Gelände war unübersichtlich. Sie waren durch einen Wald gekommen und standen nun vor einem frisch gepflügten Acker. Etwa 200 Meter waren zu überwinden. Dann ging es in ein anderes Waldstück. Sie hatten den Befehl, sich sofort niederzuwerfen, sobald ein Leuchtsignal abgeschossen würde.

Wolfgang und seine Kameraden mühten sich mit ihrem großen Gepäck. Sie kamen nur schwer voran, die Erde klebte an den Stiefeln, aber gleich würden sie den Wald erreicht haben. Da kam das Leuchtsignal. Wolfgang warf sich auf die Erde. Vor seinem Mund spürte er etwas Hartes, Kaltes, Undefinierbares. Sie hatten den Befehl, bei einem weiteren Leuchtsignal weiterzustürmen. Er wartete. Endlich – das Signal. Es wurde für kurze Zeit hell. Wolfgang stand auf und stellte erschrocken fest, dass er unmittelbar vor einem Pflug gelegen hatte. Wäre er einen Schritt weitergelaufen, wäre er mit dem Gesicht auf das Ackergerät gestürzt und schwer verletzt worden.

Wolfgang lebte damals noch ohne Glaubensverbindung mit dem lebendigen Gott. Später lernte er den Psalm 91 kennen. Da ist von dem Schutz des Höchsten die Rede, der dem zuteilwird, der dem Allmächtigen vertraut; wie ein Vogel seine Flügel über die Jungen ausbreitet, so wird er behüten. Der Psalm sagt weiter: Du brauchst keine Angst zu haben vor den Gefahren der Nacht, denn Gott wird dir seine Engel schicken, um dich zu beschützen, sie werden dich auf Händen tragen und du wirst dich nicht einmal an einem Stein stoßen. Wolfgang wunderte sich, dass er das erleben durfte, obwohl er den Herrn über Leben und Tod noch nicht kannte.

Wolfgang erzählte viele Jahre später, wie ihm erst nach längerer Zeit bewusst wurde, dass er fast wörtlich erlebt hat, was Psalm 91 beschreibt: versteckte Gefahr im Dunkel der Nacht – die Macht des Bösen – schützende Engel – Bewahrung durch den Höchsten. Im Rückblick schämte sich Wolfgang, dass er das wunderbare Erleben in jener Nacht lediglich als Zufall und „Glück gehabt" bezeichnet hatte.

Zum Erinnern und Überlegen: Wie oft blieb ich bewahrt beim Überqueren der Straße? Wie oft passierte mir auf der Autobahn nichts, obwohl mich ein rücksichtsloser Raser überholte, als ich selbst zum Überholen ansetzte? Wie oft nahm ich es für selbstverständlich, unter dem Schutz des Höchsten wohnen zu dürfen? Wie wunderbar ist es, mit der göttlichen Zusage leben zu können: Weil ich ihn liebe, wird er mich erretten; weil ich seinen Namen kenne, will er mich beschützen (Psalm 91,14).

Sorgen-los

Ich will Hilfe schaffen dem, der sich danach sehnt.
Psalm 12,6

Nachdem ich einige Termine im Norden wahrgenommen hatte, war ich auf der Rückreise. Es sollte an Dortmund und Lüdenscheid vorbei in Richtung Wetzlar gehen. Aber noch bevor ich Dortmund erreicht hatte, musste ich an einen guten Freund in dieser Stadt denken. Spontan beschloss ich, ihn zu besuchen.

Als er mir die Tür öffnete, sagte er mit belegter Stimme: „Dich hat der liebe Gott geschickt!" Ich hatte kaum die Wohnung betreten, als es aus ihm heraussprudelte. Er hatte große Probleme und wusste nicht, wie es weitergehen sollte. Er suchte Hilfe und Rat. Deshalb hatte er Gott gebeten: „Schick mir doch jemanden, mit dem ich reden kann."

Gott hatte dieses Gebet erhört. Es ist geheimnisvoll, wie er da vorgeht. Hätte ich etwas später auf meine innere Stimme gehört, die Gott nutzte, um mit mir zu reden, wäre ich an Dortmund vorbeigefahren. Gibt es eine Erklärung? Der Apostel Petrus, der in seinem ersten Brief unter anderem das Thema „Sorgen" aufgreift, macht deutlich, dass Gott dann hilft, wenn er die Zeit für gekommen hält.

Auf die ersehnte Hilfe zu hoffen kann allerdings sehr demütigend sein. Wenn ich lange warten muss, werde ich mir meiner Hilfsbedürftigkeit bewusst. Ich werde ungeduldig. Ich kriege schlechte Laune. Oder ich werde, wie im Falle meines Freundes, traurig, verzagt, ängstlich und hilflos. Petrus wird da auch seine Erfahrungen gemacht haben. Darum sagte er, offensichtlich aufgrund eigenen Erlebens: „So demütigt euch nun unter die gewaltige Hand Gottes, damit er euch erhöhe zu seiner Zeit" (1. Petrus 5,6). Wer demütigt sich schon gern? Wenn die Bibel von der gewaltigen Hand Gottes redet, ist das ein Hinweis auf seine unbegrenzte Allmacht (zum Beispiel Psalm 89,14). Gott, der Herr über Leben und Tod, greift mit seiner starken Hand ein, wenn er die Zeit für gekommen hält. David wusste das und konnte darum sagen: „Meine Zeit steht in deinen Händen" (Psalm 31,16).

Nicht nur Petrus macht Mut. Mehrfach fordert die Bibel uns auf, uns mit unseren Ängsten und Sorgen unter die Hand Gottes zu stellen und bei ihm Hilfe zu suchen. Dann geht es nicht um mein Wollen und meine Zielvorstellungen, sondern um eine besondere Form der Unterordnung. Ich stelle mich unter die Hand Gottes. Ich vertraue darauf, dass er stark genug ist, um das Problem zu lösen. „Wirf dein Anliegen auf den Herrn; der wird dich versorgen" (Psalm 55,23). Wer das ein- oder zweimal konkret erfahren hat, der macht daraus für sein Leben eine Regel.

Immer schon geliebt

Du aber bleibe bei dem, was du gelernt hast
und was dir anvertraut ist;
du weißt ja, von wem du gelernt hast.
2. Timotheus 3,14

Wäre er nicht mit 32 Jahren 1945 gefallen, würden wir sicher manches Lied des Pastors und Dichters Siegbert Stehmann singen. Leider gibt es nur wenige, dafür aber sehr eindrucksvolle Lieder dieses Mannes. In einem besingt er die Auferstehung Jesu Christi. Ich zitiere die letzte Strophe dieses Liedes: „Ostermorgen, Osterlicht! Und das Wort davor! Reiner ward das Weltgesicht und das Menschenohr. Wie ein Gärtner seinem Land gute Pflege gibt, hat uns Gott, der auferstand, je und je geliebt."
Schon als Kind hatte Stehmann offensichtlich erfasst, wie viel Freude und Lebenskraft der christliche Glaube schenkt. Er sagte einmal zu seiner Mutter: „Ich möchte Prediger werden, weil die Welt so schlecht ist und weil sie durch Gottes Wort wieder besser gemacht werden kann." Während des Krieges war er unter anderem in Norwegen. Mancher seiner Kameraden suchte seine Seelsorge.
Eines Nachts kam ein Matrose zu ihm und klagte: „Es gibt keine Liebe mehr unter den Menschen." Zu Stehmann aber hatte er offensichtlich Vertrauen gefasst, denn er breitete sein ganzes Leben vor

ihm aus. Stehmann berichtet darüber: „Eh wir es ahnten oder auch nur wollten, stand hinter allen Wegen und Abgründen: Gott. – Der Matrose fragte viel, sehr viel; denn er hatte die Inbrunst der Hindus, die Verzückung der Tänzer von Siam, den Eifer der Jünger Mohammeds gesehen, aber darüber war das Bild seiner Mutter, deren Leben weder Inbrunst noch Verzückung noch Eifer kannte, sondern nur die Einfalt eines christlichen Wandels. Was sollte ich dem Kameraden Besseres sagen?"

Der Matrose brachte zum Ausdruck, was Jesus über die Zukunft der Welt gesagt hat: „Ihr werdet von Kriegen hören und davon, dass Kriege drohen. Lasst euch dadurch nicht erschrecken! (…) Ein Volk wird gegen das andere kämpfen und ein Königreich das andere angreifen. (…) Viele werden sich vom Glauben abwenden, einander verraten und hassen. (…) Und weil Gottes Gebote immer stärker missachtet werden, setzt sich das Böse überall durch. Die Liebe wird bei den meisten von euch erkalten" (Matthäus 24,6–12).

Diese Worte Jesu waren Stehmanns Mutter und der Mutter des Matrosen vertraut. Sie wussten auch, dass Jesu Liebe nie erkaltet, auch wenn die Ungerechtigkeit und die Lieblosigkeit dieser Welt überhandnehmen werden. Bei jenem nächtlichen Gespräch in Norwegen dachten die beiden Männer an ihre Mütter und erinnerten sich an deren Glauben. Diese Frauen hatten ihren Söhnen vermittelt, dass Gott Liebe ist und dass er uns seine

Liebe geschenkt hat. Als von ihm Geliebte sind wir befähigt, diese Liebe weiterzugeben und dafür zu sorgen, dass es in aller Kälte, Ungerechtigkeit und Lieblosigkeit dieser Welt möglich ist, die Schutzzonen der Liebe zu suchen und zu finden.

Neu beginnen

Wohl dem, dem die Übertretungen vergeben sind!
Psalm 32,1

Bernd musste 25 Jahre alt werden, bis er einsah: „So geht es nicht weiter!" Sein Leben war verpfuscht. Seine junge Familie war zerbrochen. Mit Drogen schaffte er sich Erleichterung. Am Arbeitsplatz gab es jede Menge Schwierigkeiten. Die Kündigung drohte. Norbert, ein christlicher Arbeitskollege, hatte ihn wiederholt angesprochen und ihm Hilfe angeboten. Stolz hatte Bernd abgelehnt. Eines Tages hatte Norbert gesagt: „Du wirst scheitern, wenn du so weitermachst." Es fiel Bernd schwer zuzugeben, dass der Kollege die Situation richtig einschätzte. Noch schwerer war es für ihn, Norbert zu fragen: „Wie komme ich da raus? Wie soll's weitergehen?"
Dieser antwortete: „Hör auf, dir etwas vorzumachen. Mach nicht so weiter wie bisher! Schluss auch mit allen deinen Ausreden! Gib zu, dass du al-

lein nicht weiterkommst. Nimm Hilfe in Anspruch. Ich will dich gern begleiten und dir zur Seite stehen. Noch besser wäre es, du würdest dich an den wenden, der bereit ist, jedem zu helfen, der ihn darum bittet: Jesus Christus."

Die Pausen am Arbeitsplatz reichten bald nicht mehr zum Gespräch. Nach Feierabend wurde weitergeredet. Beide spürten, dass nun etwas zu geschehen habe. Norbert wagte es schließlich, Bernd zu raten: „Du musst Jesus ansprechen." – „Mit Jesus sprechen – wie geht das?", wollte Bernd wissen und Norbert antwortete: „Sprich mit ihm, wie du mit mir sprichst." – „Kann ich nicht", sagte Bernd. „Dann sprich mir nach, einfach Satz für Satz." Zögernd sprach Bernd nach, was Norbert betete: „Herr Jesus Christus, hol mich heraus aus meinem Schlamassel. Ich will so nicht weiterleben. Ich habe viel Mist gebaut. Das tut mir leid. Vergib mir, wo ich mich schuldig gemacht habe. Ich möchte neu anfangen. Hilf mir doch."

Aus meinem langen Leben als Seelsorger weiß ich, dass solche Gebete von besonderer Bedeutung sind. Jesus Christus hört ja wirklich, wenn wir ihn anrufen. Er hat versprochen zu erhören, wenn er so gebeten wird. Wem die Schuld vergeben ist, der kann ein neues Leben anfangen. Der gewinnt neue Freude am Leben und fragt sich manchmal, warum er so lange gewartet hat, bis er bereit wurde, sein Leben Jesus Christus anzuvertrauen.

Wenn die Kräfte schwinden

Denn ich weiß:
Gerade wenn ich schwach bin, bin ich stark.
2. Korinther 12,10

Dass es im Leben Grenzen gibt, erfahren nicht nur alte, sondern auch junge Menschen.

Karl war ein selbstloser Freund. Er half, wo er konnte. Manchmal schien es mir, als habe er einen Riecher dafür, wann seine Hilfe nötig sei. Er scheute keine Mühen. Er war stark, konnte zupacken, schaffte manches, was mir nicht möglich war. Plötzlich erkrankte er. Ärzte konnten ihm nicht helfen. Er kam in die Klinik, wurde operiert. Doch zu Kräften kam er nicht mehr. Er wurde immer elender.

Nach einer Zeit großer Beanspruchung bezeugte der Apostel Paulus: „Wenn auch unsere körperlichen Kräfte aufgezehrt werden, wird doch das Leben, das Gott uns schenkt, von Tag zu Tag erneuert" (2. Korinther 4,16). Als er das schrieb, war er von einer schweren Krankheit geplagt. Er hatte Gott mehrfach gebeten, ihm diese Krankheit zu nehmen. Sein Gebet war nicht so erhört worden, wie er das erhofft hatte. Doch dann begriff er, dass Gott ihm die Kraft geben würde, alles ihm Auferlegte zu ertragen. Diese innere Kraft erwuchs ihm aus dem Glauben.

Es erscheint widersinnig: Entweder ist einer schwach oder stark. Doch wenn sich ein Mensch an Jesus Christus orientiert und von ihm abhängig macht, erlebt er, dass diese Glaubenserfahrung keinesfalls widersinnig ist. Sie führt vielmehr zu einem unvergleichlichen und großartigen Erleben. Wer so mit Christus verbunden lebt, muss keine Krankheit und auch den Tod nicht fürchten. Vielen Menschen hat die innere Einstellung dieses Mannes Mut gemacht, besonders in Krankheits- und Krisenzeiten.

Auch meinem Freund. Paulus beschrieb sein Leiden so: „Was wir jetzt leiden müssen, dauert nicht lange. Es ist leicht zu ertragen und bringt uns eine unendliche, unvorstellbare Herrlichkeit. Deshalb lassen wir uns von dem, was uns zurzeit so sichtbar bedrängt, nicht ablenken, sondern wir richten unseren Blick auf das, was jetzt noch unsichtbar ist. Denn das Sichtbare vergeht, doch das Unsichtbare bleibt ewig" (2. Korinther 4,17.18). Paulus kam wieder zu Kräften, mein Freund nicht. Das Wissen aber, von Jesus Christus begleitet zu sein, trug ihn nicht nur im Leben, sondern auch im Sterben (Römer 14,8).

In der Glaubensverbundenheit mit Jesus Christus sind die Lasten des Lebens leichter zu tragen. Die Frage, was nach dem Leben kommt, muss nicht weggeschoben werden. Im Glauben kann man seiner letzten Stunde getrost entgegensehen. Auch junge Menschen sollten sich über Leben und Sterben Gedanken machen, auch mit 20 oder 30 Jahren kann man – oft unerwartet und unabwendbar – an seine Grenzen kommen.

Einfach herrlich

Die Herrlichkeit des Herrn reicht,
so weit der Himmel ist.
Psalm 113,4

Jahrelang hatte Frau B. hingebungsvoll ihren behinderten Sohn gepflegt. Als er 19 wurde, war er noch immer im Entwicklungsstadium eines Kleinkindes. Eine Unterhaltung mit ihm war nicht möglich. Doch meinte die Mutter, bei ihrem Sohn Zeichen der Freude zu sehen, wenn sie ihn streichelte und mit ihm sprach.

Eines Morgens las sie in ihrer täglichen Bibellese eine besondere Bitte des Mose, der bemüht war, sein Volk zum Gehorsam und zur Ehrfurcht Gott gegenüber zu erziehen. Mose betete: „Lass mich deine Herrlichkeit sehen!" (2. Mose 33,18). Die Mutter machte diesen Satz auch zu ihrem Gebet. Als sie kurze Zeit später vor das Bett ihres Sohnes trat, spürte sie, dass es mit ihm zu Ende gehen würde. Plötzlich verwandelte sich sein Gesicht. Er strahlte förmlich. Sah er Gottes Angesicht? Mit diesem von Freude geprägten Gesicht tat er seinen letzten

Atemzug. Die Mutter, ihr Mann und eine Tochter haben diesen Eindruck nie wieder vergessen. Sie berichteten mir davon noch Jahre später.

Der Bericht hat mich sehr beeindruckt und seither beschäftigt. In der Bibel ist öfter von Herrlichkeit die Rede. Im zweiten Brief des Paulus an die Korinther wird zum Beispiel davon gesprochen, dass das helle Licht des Evangeliums von der Herrlichkeit Christi ein Leben auf außerordentliche Weise bereichert.

Christus ist eine Kraftquelle ganz besonderer Art. Und Kraft brauchen wir im Leben! Aber nicht nur im Leben. Wenn wir unsere Augen für immer geschlossen haben werden, beginnt etwas Neues. Mit dem Tod geht das, was an uns unvergänglich ist, der Herrlichkeit Gottes entgegen. Unser Vorstellungsvermögen ist zu klein, um auch nur annähernd zu ermessen, was das bedeutet. Wir kennen zwar ein „herrliches Fest" und mancher war schon bewegt von einem „herrlichen Sonnenuntergang". Gottes Herrlichkeit aber beginnt erst dort, wo wir „herrlich" nicht mehr steigern können. Die unbeschreibliche Herrlichkeit des Himmels hält Gott bereit für alle, die wissen, dass ihr Glaube an Jesus Christus ihnen den Himmel öffnet.

C. S. Lewis schreibt dazu: „Das Leben hier ist eine Vorbereitung auf jene größere Wirklichkeit. Es ist nur der Umschlag und das Titelbild der ‚großen Geschichte', in der jedes einzelne Kapitel besser ist als das vorangehende."

Reinen Tisch machen

Da ich es wollte verschweigen,
verschmachteten meine Gebeine.
Psalm 32,3

Vor einiger Zeit las ich die Geschichte eines jungen Mannes – nennen wir ihn Alfred –, der auf einer Polizeistation für Aufsehen sorgte. Er erstattete Selbstanzeige, bekannte, einen Einbruch verübt und mit der Beute das Weite gesucht zu haben. „Was führt Sie hierher?", fragte der vernehmende Polizist. Alfred antwortete: „Ich kann nicht länger mit meinem schlechten Gewissen leben, nachdem ich Christ geworden bin. Ich muss reinen Tisch machen."

So etwas gibt es also! Es passiert leider nicht so häufig. Alfred ist ein lebendiges Beispiel für das, was in wohl noch bedrückenderer Weise David erlebte. Er beschrieb sein Empfinden in Psalm 32: „Erst wollte ich meine Schuld verheimlichen. Doch davon wurde ich so schwach und elend, dass ich nur noch stöhnen konnte." David hatte etwas Böses getan oder war in schuldhafte Dinge verstrickt. Und das, obwohl er Gott kannte. Das Böse hatte eine solche Anziehungskraft auf ihn, dass es sich als stärker erwies als alle zuvor gefassten guten Vorsätze. Er redete sich ein: „Es wird ja keiner merken. Es wird schon nicht herauskommen." Gerne beruhigt ein Mensch sein böses Gewissen auf diese Weise.

Schuld zu bekennen fällt nicht leicht, entlastet aber. Die hebräische Sprache kennt zur Beschreibung dieses Vorgangs verschiedene Ausdrücke. Da wird einmal von der Auflehnung gegen Gottes Wort gesprochen. Sie wird dem Bekenner vergeben. Dann fällt der bekannte Begriff Sünde, also das Abirren von Gottes Wegen. Wer sie bekennt, dem wird sie bedeckt, zugedeckt. Sie ist nicht mehr zu sehen. Schließlich ist von Schuld die Rede, ein Ausdruck, der gebraucht wird, wenn von der gottfeindlichen Gesinnung gesprochen wird. Wer Schuld bekennt, dem wird sie nicht angerechnet. Wer diese Entlastung erfährt, der ist ein glücklicher Mensch. Gottes Hand kann helfend zugreifen. Belastend liegt sie auf dem, der es versäumt, mit Gottes Hilfe reinen Tisch zu machen.

Alfred, von dem ich eingangs berichtet habe, musste sich noch vor Gericht verantworten. Die Strafe wurde aber zur Bewährung ausgesetzt.

David wusste noch nichts von Jesus Christus, der in diese Welt gekommen ist, um allen die Last der Sünde abzunehmen, die sie vor ihm bekennen. Wenn wir unsere Verfehlungen bekennen, können wir die Hilfe in Anspruch nehmen, die Jesus Christus jedem gewährt, der sich an ihn wendet. Er nimmt die Schuld ab und schafft so die Grundlage eines glücklichen Lebens. Der Apostel Paulus hat in seinem Brief an die Römer Gedanken vom

Psalm 32 aufgegriffen, als er schrieb: „Glücklich sind alle, denen Gott ihr Unrecht vergeben und ihre Schuld zugedeckt hat!" (Römer 4,7).

Ein gläubiger Arzt im Straflager

Ich bin das Licht der Welt.
Johannes 8,12

Vor Jahrzehnten tobte im kommunistischen China eine menschenverachtende sogenannte Kulturrevolution. Unter Tausenden von Verhafteten waren auch ein christlicher Arzt und seine Frau. Es war ihnen gelungen, eine Bibel durch alle Verhöre hindurchzubringen. Während einer darin las, musste der andere aufpassen. Schwere körperliche Arbeit zehrte an ihren Kräften. Es gab finstere Zeiten, in denen sie meinten, Gott habe sie vergessen.

Der Brigadeleiter ihres Internierungslagers hatte eine Frau, die bereits sechs Fehlgeburten hinter sich hatte. Beim siebenten Mal wurde der christliche Arzt gerufen, um als Geburtshelfer tätig zu werden. Das Kind kam lebend zur Welt, wurde aber wenige Tage nach der Geburt sehr krank. Das Herz schlug nicht mehr, der Atem setzte aus. Man bat den Arzt erneut um Hilfe. Der fragte sich, ob er

Menschen helfen sollte, die viele Male gezeigt hatten, dass sie die Christen hassten. Getrieben von dem Wissen, dass Jesus will, dass wir sogar unsere Feinde lieben, erklärte der Arzt sich zur Hilfe bereit. Doch wie? Er hatte keinerlei Instrumente und auch keine Medizin. Da kniete er sich mit seiner Frau vor Eltern und Kind, betete seinen Herrn Jesus an und erbat dessen Hilfe. Dieses Gebet wurde erhört. Das Kind wurde gesund.

Die Haft des Arztes und seiner Frau wurde erleichtert, aber nicht aufgehoben. Erst nach 27 Jahren wurden die beiden entlassen. Ich hörte diesen Arzt anlässlich einer Amerika-Reise. Er besuchte Trans World Radio und erzählte den Mitarbeitern sein Erleben.

Schlimme Jahre hatten den Mediziner und seine Frau gequält. Unschuldig waren sie gefangen. Nach staatlichem Verständnis waren sie schuldig, weil sie sich als Christen bekannten. Aber das Anliegen des Arztes, den Namen von Jesus Christus bekannt zu machen, war stärker. Die Menschen sollten sich Jesus anvertrauen können. Der Kern dieser Botschaft war: „Gott liebt euch. Ihr sollt auch lieben, eure Brüder und Schwestern, aber auch eure Feinde. Kommt aus der Finsternis eurer Lügen, eures Betrügens, eures Neides und Hasses heraus. Erlebt, was es heißt, im Licht zu stehen. Freut euch mit, wenn es jemandem gut geht. Tragt Meinungsverschiedenheiten nicht mit Gewalt aus."

Der Arzt erwies sich dem Brigadeleiter gegenüber als einer, der sich von Jesus leiten ließ. Er schimpfte nicht, er beschwerte sich nicht, war nicht aufsässig, sondern suchte die Gemeinschaft mit seinem Herrn. Er glaubte, dass Jesus von seinen Leuten nicht nur Liebe verlangt, sondern dass er auch die Kraft zum Lieben schenkt. Nicht die Finsternis soll den Sieg behalten!

Ist Gott zu hören?

Heute, wenn ihr seine Stimme hört,
so verstockt eure Herzen nicht.
Hebräer 3,15

In der Bibel wird von Leuten berichtet, die Gottes Stimme gehört haben. Erstaunlich ist, dass es auch heute noch möglich ist zu erfassen, was Gott sagt. Jeder, der mit ehrlichen Erwartungen in der Bibel liest, wird das erfahren. Der amerikanische Schriftsteller Mark Twain (1835–1910) begegnete einem Mann, der sich über die Bibel beklagte. Da bekomme man Sätze zu lesen, die doch wirklich unverständlich und oft ärgerlich seien. Der Dichter hörte sich die Beschwerde an, schwieg ein paar Atemzüge und antwortete dann bedächtig: „Mir bereiten nicht die unverständlichen Bibelstellen

Bauchschmerzen, sondern diejenigen, die ich verstehe."

Für manchen Bibelleser mag es schmerzlich sein, auf Aussagen zu stoßen, die auf das hinweisen, was alles im Leben falsch gelaufen ist. Hilfreich dagegen ist es, lesen zu können, was ermutigt, was Freude macht, was Hoffnung weckt. Erstaunlich, wie aktuell manche Bibelworte sind. Ein Beter aus alter Zeit hat einmal gesagt: „Ich freue mich an dem Weg, den deine Zeugnisse weisen, wie über lauter Reichtümer" (Psalm 119,14).

Das ist wortwörtlich zu erfahren. Da berichtet zum Beispiel der Leiter der jordanischen Bibelgesellschaft in einer Sondernummer des „Bibelreport" von einer Begegnung mit irakischen Christen, die er im Flüchtlingszentrum traf. Es beeindruckte ihn, dass die Menschen nicht so sehr nach materiellen Hilfsgütern verlangten als vielmehr nach Bibeln. Als er einen Flüchtling fragte, warum es für ihn so wichtig sei, eine Bibel zu bekommen, sagte der: „Wir haben alles im Irak zurückgelassen – für Christus. Wie könnten wir etwas Wertvolleres haben als sein Wort?"

Was bedeutet uns die Bibel? Haben Sie ein Exemplar? Nehmen Sie sie zur Hand. Beginnen Sie mit der Lektüre des Neuen Testaments. Und wenn Sie an eine Stelle kommen, die Sie besonders anspricht, dann verschließen Sie sich diesem Wort nicht. Gottes Gebote und die Orientierungen, die uns Jesus Christus gibt, sind Anweisungen, die uns helfen wollen, im Leben die richtigen Entscheidungen zu treffen. Wer sich angesprochen weiß und noch heute darauf reagiert, wird gute Erfahrungen machen.

Die Herkunft ist nicht entscheidend

Ihr seid teuer erkauft;
werdet nicht der Menschen Knechte.
1. Korinther 7,23

Sven, ein von seinem Können überzeugter Student, hätte gern mehr Ansehen genossen bei Professoren und Mitstudenten. Seit seiner Kindheit litt er darunter, dass er aus ärmlichen Verhältnissen stammte Er war neidisch auf erfolgreichere Kommilitonen. Er ärgerte sich, als er entdeckte, wie abhängig er von dem war, was andere über ihn dachten.
Eines Tages folgte er der Einladung zu einer Veranstaltung einer christlichen Studentengruppe. Ein Mediziner sprach über „Hindernisse im Leben und ihre Überwindung". Das Thema interessierte Sven. Es stimmte ihn nachdenklich, als der Redner unter anderem sagte: „Vor Gott sind unsere Lebensverhältnisse nicht ausschlaggebend. Gott

beurteilt uns nicht nach Herkunft, Ansehen oder Besitz. Er will uns davor bewahren, sklavisch von der Meinung anderer abhängig zu sein." Der Redner verdeutlichte, wie man von Menschenabhängigkeit frei werden kann: Das geschehe, wenn sich ein Mensch in die völlige Abhängigkeit von Jesus Christus begebe, wenn er sich befreien lasse von allem, was von Gott trennt, und nicht länger „gottlos" leben wolle. Wer durch Christus entlastet sei, der werde frei von aller Unruhe seines Lebens und aller Unausgeglichenheit. Er werde aber auch von dem belastenden Charakterzug frei, dass sich alles um ihn selbst drehen müsse.

„Auch ich will mich ändern", nahm Sven sich nach dem Vortrag vor. Er hatte verstanden, dass alles, was er selbstherrlich in die Hand nahm, nicht der Würde entsprach, die Gott ihm zugedacht hatte. Jesus aber wollte, dass er wirklich befreit lebe, dass ihm alles Fehlverhalten verziehen würde und dass er seine Gottlosigkeit verliere, wenn er ihm, Jesus, Raum gebe in seinem Leben. Wer mit Jesus lebt, erfährt, dass Gott ihm sein Fehlverhalten nicht mehr anrechnet. Ihm wird „abgekauft", wofür er bestraft werden müsste. Jesus hat mit seinem Tod am Kreuz den Kaufpreis bezahlt. Sven vollzog eine ganz bewusste Hinwendung zu Jesus und lebte in Dankbarkeit für das Geschenk dieses Kaufpreises.

Der Apostel Paulus hat seinerzeit den Christen in Korinth mitgeteilt, wie sehr es im Leben darauf ankomme, Gottes Geboten zu gehorchen. Ungehorsame sind an die Sünde verkauft, sind Sklaven der Sünde. Wie sehr wussten die Sklaven der damaligen Zeit es zu schätzen, wenn sie freigekauft wurden. Wenn ich mich heute umschaue, macht es mich traurig zu sehen, wie viele Menschen von der Sünde geradezu versklavt sind. Sie könnten frei werden – wie damals die Menschen in Korinth. Sven durfte das erfahren.

Frieden suchen

Die zum Frieden raten, haben Freude.
Sprüche 12,20

Lange hat man gut mit jemandem zusammengelebt oder gearbeitet. Dann gibt es einen unangenehmen Vorfall. Danach ist das Zusammenleben gestört. Noch schlimmer: Man kriegt sich immer wieder in die Haare. Schließlich trennt man sich.
So erging es auch einem kirchlichen Missionsmitarbeiter, der als Lehrer in Neuguinea tätig war. Er war mit einem der einheimischen Christen in Streit geraten. Seither verfolgte ihn die Angelegenheit. Während eines Gebetes wurde ihm bewusst, dass er zu diesem Menschen gehen, ihm seine Verfehlung bekennen und um Verzeihung bitten sollte. Innerlich sträubte er sich. Er sagte sich: „Ich, der Lehrer aus Europa, soll mich vor dem Mann aus

Neuguinea beugen? Was wird der denken? Und was, wenn er es anderen erzählt?" Vielen geht es so: Nur keine Schwäche zeigen oder gar Fehler zugeben!

Er wurde aber seines Lebens nicht mehr richtig froh. Er wusste, er musste die Sache in Ordnung bringen. Er bat seinen Herrn Jesus Christus, ihm zu helfen und eine Begegnung zu schenken. Mit seinem Motorrad machte er sich auf den Weg zu diesem Mann.

Unterwegs, auf einer Straße, die bergab führte, blieb plötzlich der Motor stehen. Der Mann ließ das Motorrad weiterrollen, aber es wollte nicht mehr anspringen. Mehrere Versuche, neu zu starten, misslangen. Als er so mit seiner nicht einsatzbereiten Maschine am Straßenrand stand, sah er einen Mann kommen, in dem er sehr bald denjenigen erkannte, den er besuchen wollte. Nach einigen kurzen Augenblicken der Verlegenheit sagte er zu ihm: „Ich wollte zu dir, denn ich habe etwas mit dir zu besprechen." Es wurde ein ehrliches Gespräch, an dessen Ende beide miteinander beten konnten.

Als der Lehrer wieder auf seinem Motorrad saß und den Berg hinabrollte, sprang der Motor plötzlich wieder an, als ob nichts gewesen wäre. Ihm wurde bewusst, dass er ohne diese Panne an dem Mann vorbeigefahren wäre. Das war zum Staunen und für ihn ein lebendiges Beispiel für das, was die Bibel bezeugt: Frieden schließen schafft Freude.

Keine vergebliche Gnade

Ich habe dich zur Zeit der Gnade erhört und habe dir
am Tage des Heils geholfen. Siehe, jetzt ist die Zeit
der Gnade, siehe, jetzt ist der Tag des Heils!
2. Korinther 6,2

Botschafter haben eine spezielle Stellung. Als Repräsentanten ihres Staates genießen sie besondere Wertschätzung. Das gilt auch für die Botschafter Christi. Wer von sich sagen kann, dass er im Auftrage seines himmlischen Herrn lebt und wirkt, ist ein solcher Botschafter und darum besonders begnadigt. Er hat erfahren, dass Jesus Christus in sein Leben eingegriffen hat, dass er ihm Schuld und Strafe erlassen hat, um ihm ein gelingendes Leben zu schenken. Begnadigt zu sein heißt, in unmittelbarer Beziehung zu Gott zu stehen. Begnadete sind Beschenkte. Wer ein so begnadeter Botschafter ist, soll weitergeben, was ihm zuteil wurde.

Der Apostel Paulus mahnt, die Gnade Gottes nicht vergeblich zu empfangen. Erschrocken frage ich: Ist es denn möglich, die Gnade vergeblich zu empfangen? Das hieße doch, die Freundlichkeit Gottes kennengelernt zu haben, mit einem erfüllten Leben beschenkt zu sein, aber wieder gnadenlos zu leben.

Begnadete sind Mitarbeiter Jesu Christi. Wer ihm vertraut, sollte nicht zögern, im Auftrage und im

Geiste seines Herrn Jesus Christus zu handeln. Darum geht einfach nicht, was unlängst in einer Buchhandlung passierte. Ein gläubiger Christ kaufte eine neue Bibel, dazu ein christliches Buch und Postkarten mit Bibelsprüchen. Für all das aber erbat er eine Quittung über „Bürobedarf".

Gibt es nicht manche Stunde, die man einfach vertrödelt? Sagt man nicht immer wieder einmal im Rückblick auf manchen Tag oder manche Woche: „Die Zeit hätte ich besser nutzen können"? Eigentlich ist es nicht zu fassen, dass alle Zeit, die mir geschenkt ist, Gnade ist.

Drei Männer in dem kleinen Städtchen Charlotte in North Carolina dankten immer wieder einmal für die ihnen von Gott geschenkte Gnade. Sie wünschten sich, dass viele Menschen diese Gnade erleben könnten. Sie beteten darum für eine Erweckung des Ortes und der Region. Einer der drei war der Vater von Billy Graham. Eines Tages kam ein Evangelist nach Charlotte. Durch seinen Dienst hörte Billy Graham die Aufforderung Gottes, selbst ein Rufer zu werden. Jahrzehnte hindurch konnte er Millionen von Menschen sagen, was Gnade ist und dass sie das Heil ergreifen sollten, das ihnen angeboten wurde.

Ich wünsche sehr, dass dieser Tag für Sie ein Tag des Heils werde, und dass Ihnen bewusst werde, wie begnadet Sie sind und dass Sie anderen die Botschaft von Jesus anbieten können.

Frei sein

Unter den Christen in Galatien gab es einige, die Irrlehrer waren. Sie bestanden darauf, dass auch Nichtjuden sich beschneiden lassen sollten. Ihnen sagt Paulus: „Zur Freiheit hat uns Christus befreit!" Gemeint ist die Freiheit vom Gesetz mit seinen strengen und vernichtenden Forderungen. Der frei machende Christus ist stärker als Sünde, Satan, Tod und alle Mächte, die das Leben belasten.

Die Irrlehrer lehnten es ab, alles allein von Christus zu erwarten. Sie meinten, dem Glauben an Christus nachhelfen zu müssen, zum Beispiel durch gute Werke oder die Einhaltung bestimmter Tage. Wir haben nicht diese Probleme der Menschen damals in Galatien, wohl aber ähnliche.

Vor einiger Zeit traf ich eine Frau, die davon berichtete, dass sie während vieler Jahre ihres Lebens meinte, ein christliches Leben zu führen. Aber manches machte ihr zu schaffen. Sie fühlte sich belastet und musste darum einen Psychiater aufsuchen, in der Hoffnung, bei ihm Hilfe zu finden gegen Depressionen und Schlaflosigkeit. Vorbehaltlos glauben, dass ihr Christus helfen würde, konnte sie nicht. Sie hatte im Laufe der Zeit sehr viel esoterische Literatur gelesen. Einiges sprach sie an, aber wirkliche Hilfe empfing sie nicht. Die vielen Ratschläge verschiedener Autoren bedrängten sie nur. Sie wäre gern frei geworden.

Eines Tages nahm eine Kollegin sie mit zu einem Vortrag eines bewährten Seelsorgers. Der sprach sehr praxisbezogen und nannte manche Probleme und Sorgen beim Namen. Der Frau war es, als kenne der Redner sie und ihre Schwierigkeiten. Während seiner Ausführungen ermutigte er seine Zuhörer, sich Jesus zu öffnen, ihm Vertrauen zu schenken und ihm Sorgen und Probleme zu nennen und zu überlassen. Seinen Vortrag schloss er mit den Worten: „Bekennen Sie Jesus Christus Ihre Ängste, Ihr Nicht-Weiterkommen, Ihre Erfolglosigkeit. Lassen Sie Worte der Bibel auf sich wirken. Lesen Sie aufmerksam, was Jesus sagt. Wenn Sie etwas nicht verstehen, dann fragen Sie jemanden, der Ihnen helfen kann. Hüten Sie sich aber vor solchen, die Ihnen raten: ‚Sie müssen aber auch …‘, und dann folgt irgendeine Empfehlung. Wenn es heißt: ‚Jesus und …‘, ist äußerste Vorsicht geboten. Jesus allein macht frei!"

Die Frau folgte dem Rat und warf die ganze esoterische Literatur, die sie in ihrem Regal stehen hatte, ins Feuer. In einem Gebet gelobte sie Jesus, ihm völlig zu vertrauen. „Er machte mich wirklich frei", beendete sie ihren Bericht mit einem ansteckenden Lächeln.

Die Last abgeben

Kommt her zu mir, alle, die ihr mühselig
und beladen seid; ich will euch erquicken.
Matthäus 11,28

Es gab und gibt Menschen, die meinen, sie seien
nur mit Gott verbunden, wenn sie bestimmte Vorschriften und Gesetze beachten. Zur Zeit Jesu haben Menschen, die Gott gefallen wollten, solche
Vorschriften als eine drückende Last empfunden.
Ihnen ruft Jesus zu: „Kommt alle her zu mir, die
ihr euch abmüht und unter eurer Last leidet! Ich
werde euch Ruhe geben." Bei Jesus kann jeder,
der unter seinen Lasten seufzt, entlastet werden,
jeder! Vorausgesetzt natürlich, dass die Einladung
angenommen wird. Das galt zur Zeit Jesu, das gilt
heute.
Es häufen sich Berichte, aus denen hervorgeht, wie
groß die Zahl der Menschen ist, die mit den Belas-
tungen des Lebens nicht fertigwerden. „Kommen
Sie zur Ruhe", wird ihnen empfohlen. Lebensbera-
ter, Psychologen und Gurus geben kluge Ratschläge. Esoterik, fernöstliche Religionen oder besondere Meditationsübungen werden empfohlen.
Eine Projektmanagerin berichtete: „Vor zwei Jahren kam privat einiges bei mir zusammen und ich
bin auf der Suche nach Ruhe ins buddhistische
Zentrum gegangen." Seither war sie bemüht um-

zusetzen, was sie dort lernte; aber das nahm die Last nicht weg, die auf ihr lag.

Als Seelsorger habe ich immer wieder Belastete getroffen. Viele lehnten es ab, sich mit Jesus zu beschäftigen. Andere entdeckten, dass sich ganz neue Lebensperspektiven ergeben, wenn man sich für ihn öffnet und ihn in sein Leben miteinbezieht. Das ist die Hilfe, nach der so sehnlich Ausschau gehalten wird. Während der Mensch ohne Christus versucht, seine Lasten abzuschütteln, um zur Ruhe zu kommen (was selten so richtig gelingen will), sagt Jesus Christus: „Ich werde euch Ruhe geben."

Diese Ruhe kann ich natürlich nur erleben, wenn ich wirklich zu Jesus gekommen bin. Wie aber kann das geschehen? Ich „komme" zu Jesus, indem ich mit ihm spreche, mich im Gebet mit ihm verbinde. Ich glaube, dass er mich hört und sieht. Egal wo ich bin, egal wie spät oder früh es ist. Sich darauf einzulassen ist unbeschreiblich beglückend.

Eine Lehrerin berichtete: „Der Schulalltag wird immer stressiger, ich komme oft völlig geschafft nach Hause. Dann setze ich mich erst mal hin und bete. Während ich mit Jesus spreche, kann ich spüren, wie ich innerlich zur Ruhe komme."

Beten hilft auch nicht?

Ihr werdet alles bekommen,
wenn ihr Gott im Glauben darum bittet.
Matthäus 21,22

Ein bis dahin erfolgreicher Bankkaufmann kam in große persönliche Schwierigkeiten. Von seinen bewusst christlich lebenden Eltern kannte er das Wort Jesu: „Ihr werdet alles bekommen, wenn ihr Gott im Glauben darum bittet." In der Hoffnung, seine Lage zu ändern, betete er. Er betete morgens und abends. Es änderte sich nichts. Darum sagte er: „Beten hilft auch nicht!"

Es ist doch eigenartig! Jahrelang fragt einer nicht nach Gott. Dann aber, wenn ihm das Wasser bis zum Halse steht, fängt er an zu beten und erwartet, dass ihm spontan geholfen wird.

Gott hat – nicht selten sogar – Gebete von Menschen gehört und erhört, die vorher nie nach ihm gefragt haben. Die Regel ist das nicht. Beten ist das Gespräch eines Menschen mit Gott. Kein Selbstgespräch. Leider reden manche oft nur auf Gott ein, ohne zu hören, was er ihnen zu sagen hat. Der Betende setzt voraus, dass es eine höhere Macht gibt. Diese ist keine unpersönliche Kraft, sondern eine Macht, die über allen Dingen steht. Der Betende glaubt, dass diese höhere Macht gleichbedeutend ist mit dem großen, unfassbaren

Gott, der sich um die Menschen kümmert. Er tut es wirklich! Die Bibel beschreibt das. Viele, viele Menschen haben es erfahren.

Gott reagiert auf Gebete glaubender Menschen auf dreierlei Weise:

1. Er kann das geben, worum gebeten wird.

2. Er kann statt des Erbetenen etwas anderes geben, das möglicherweise viel nützlicher und besser ist.

3. Gott kann auch Nein sagen.

Mir sind Menschen begegnet, die im Rückblick auf ihr Leben gesagt haben: „Gut, dass mir Gott damals nicht gegeben hat, was ich so sehr erbetet hatte. Er hat einen viel besseren Weg für mich gehabt!" Das entdeckte der Mann, von dem anfangs die Rede war, leider nicht. Er hörte auf zu beten.

Ich habe im Laufe meines Lebens erfahren, dass Gott manche Bitte nicht erhört, dass er aber oft bei anderer Gelegenheit auf geheimnisvolle Weise antwortet. Ein Beispiel: Eine besondere Aufgabe reizte mich und ich bewarb mich darum. Die Antwort blieb aus. Ich wartete ein, zwei Wochen, einen Monat, ein Vierteljahr. Nichts passierte. Nach vielen Monaten bat ich Gott im Gebet, mir Gewissheit zu schenken, ob mein Beitrag gebraucht würde oder nicht. Noch in derselben Woche erhielt ich den Auftrag, um den ich mich beworben hatte.

Bereit sein

Lasst eure Lenden umgürtet sein
und eure Lichter brennen.
Lukas 12,35

Im Orient zur Zeit Jesu und auch heute noch tragen Männer und Frauen wallende Gewänder. Das ist sehr praktisch und bequem. Bei mancher Tätigkeit und wenn es etwas außer Haus zu tun gibt, muss das Gewand gerafft und von einem Gürtel zusammengehalten werden. Die Aufforderung, die Lenden umgürtet sein zu lassen, ergeht hier an Diener einer hochgestellten Persönlichkeit, die von dem Besuch einer Hochzeit zurückerwartet wird. Die Diener sollen sich nicht irritieren lassen, wenn sich die Rückkehr verzögert. „Seid bereit, euer Herr kann jeden Augenblick zurückkommen", lautet die Botschaft.

Die entscheidende Stunde nicht zu verpassen, darauf kommt es an. Wach bleiben, sich nicht ablenken lassen. Der hier dazu auffordert, bereit zu sein, ist Jesus. Ein Wort, das auch uns gilt. Es kommt darauf an, beim Warten nicht müde oder mutlos zu werden. Wir brauchen nicht resigniert zu seufzen: „Wie lange sollen wir noch warten?" Oder: „Wer weiß, ob er überhaupt wiederkommt?"

Mich macht es froh, dass ich den Aussagen der Bibel vertrauen kann. Ich sehe mich angesprochen und weiß, dass die Aufforderung „Seid bereit" auch mir gilt. Ich weiß, dass dieses Warten nichts mit meiner Kleidung zu tun hat. Der Gürtel, den ich umschnallen soll, ist nur ein Bild, das mir sagt: „Sei jederzeit fertig zum Aufbruch – lass dich nicht beeindrucken von politischen Umbrüchen – beschäftige dich nicht nur noch mit der rasanten wirtschaftlichen und technischen Entwicklung – sei nicht deprimiert, wenn du Erfahrungen machst, die dich enttäuschen – sei nicht übermütig, wenn du eine Glückssträhne hast … Mach Christus immer wieder zum Mittelpunkt deiner Überlegungen. Vergiss nicht: Er wird wiederkommen, sichtbar." Darum will ich ihn immer wieder in mein Denken mit einbeziehen, ich will ganz real mit ihm rechnen.

Wie sich das auswirkt, habe ich erlebt, als meine Frau von Gott heimgerufen wurde. Sie wusste, dass sie zwar nicht die Wiederkehr Jesus erleben, dass sich aber die himmlische Herrlichkeit vor ihr öffnen würde. Ein solches Sterben verhindert trostlose Trauer, hilft, dem eigenen Sterben gefasster entgegenzusehen und sich zu freuen, dass wir einem Herrn Glauben schenken, der auferstanden ist von den Toten.

„Wenn wir glauben, dass Jesus gestorben und wiederauferstanden ist, dann können wir auch darauf vertrauen, dass Gott die, die im Glauben an Jesus gestorben sind, ebenso auferwecken wird. (…) Denn der Herr selbst wird vom Himmel herabkommen (…). Dann werden zuerst die Menschen auferstehen, die im Glauben an Christus gestorben sind. Danach werden wir, die noch am Leben sind, mit ihnen zusammen in Wolken fortgerissen werden zur Begegnung mit dem Herrn in der Luft. Und dann werden wir für immer bei ihm sein" (1. Thessalonicher 4,14–17).

Glück

Du bist mein Herr und mein ganzes Glück!
Psalm 16,2

„Du bist mein ganzes Glück!", so ist in der Bibelübertragung „Hoffnung für alle" Psalm 16 überschrieben. Wie viel Schönes muss David, der diesen Psalm geschrieben hat, erlebt haben! Er verrät nicht im Einzelnen, was ihn glücklich macht. Sein ganzes Leben ist erfüllt von Glück. Hinter all seinem Wollen, Fühlen, Tun steht der lebendige Gott. Dessen Willen wollte er erfüllen.
„Dein Wille geschehe" ist ein Satz, der von unzählig vielen Tag für Tag gebetet wird. Er bedeutet: „Gott, gib doch, dass ich nicht immer mit meinem Kopf durch die Wand will – Gott, lass mich erkennen, was du willst – lehre mich, Ja oder Nein zu sagen, wenn du es für richtig hältst – vergib mir, dass ich oft nicht einmal daran denke, nach dei-

nem Willen zu fragen – vergib, dass ich manchmal sogar an deiner Existenz zweifle." Der glückliche Mensch kann sagen: „Du, Herr, bist alles, was ich habe; du gibst mir, was ich zum Leben brauche" (Psalm 16,5). Ein Leben mit Gott befriedigt und macht froh, heute und morgen.

Zweifel plagten einen jungen Mann, dem Gott fremd geworden war und für den die Bibel nicht mehr Gottes Wort war. Über Strecken seines Lebens erschienen ihm der Koran der Muslime, der Talmud der Juden, die Bibel der Christen als etwas, was relativ gleichwertig nebeneinander stehe. Die Rede ist von August Hermann Francke (1663–1727), der als 24-jähriger Mann während eines Aufenthaltes in Lüneburg eine Predigtvertretung übernehmen sollte. War dieser Auftrag Zufall, war sein Aufenthalt in Lüneburg Zufall? Nein. Der junge Mann erlebte Gottes Führung. Während er seine Predigt vorbereitete, erfuhr er in einer schlaflosen Nacht nicht nur, dass es einen lebendigen Gott gibt, sondern dass dieser Gott für ihn wie ein liebender Vater ist. Mit David konnte Francke sagen: „Ich preise den Herrn, denn er gibt mir guten Rat" (Psalm 16,7).

Francke errichtete später in Halle ein Waisenhaus, wie man es zuvor nicht gekannt hatte. Er tat bahnbrechende Schritte in der Pädagogik, etwa mit berufsbegleitenden Maßnahmen, wie sie erst in den letzten Jahrzehnten wieder bekannt geworden sind. Aus seiner Initiative ging das erste deutsche

Mädchenlyzeum hervor. Er revolutionierte das Theologiestudium und sorgte sich um die Ausbildung von jungen Menschen, die später in leitenden Positionen tätig sein sollten. Er wurde, was er wurde, nicht weil er bereits als 13-Jähriger seinen Schulkameraden überlegen war oder mit 14 universitätsreif war oder weil er einflussreiche Gönner hatte, sondern weil Gott für ihn Wirklichkeit geworden war. Mit David konnte er sagen: „Ich freue mich über alle, die zu dir gehören. Sie bedeuten mir mehr als alle anderen in diesem Land!" (Psalm 16,3). Freude und Glück über die erfahrene Nähe Gottes ließen August Hermann Francke in jener schlaflosen Nacht sagen: „Er erhörte mich plötzlich."

Erleuchtet

Sende dein Licht und deine Wahrheit,
dass sie mich leiten und bringen
zu deinem heiligen Berg und zu deiner Wohnung.
Psalm 43,3

In der levitischen Sippe Korach strebten etliche danach, auch als Priester Dienst für Gott im Heiligtum tun zu dürfen, was ihnen jedoch nach dem Gesetz nicht erlaubt war. Sie lehnten sich dagegen und somit auch gegen Gott auf. Das blieb nicht ohne Folgen. Ein furchtbares Strafgericht vertilgte viele von ihnen, doch einige überlebten. Sie wurden von Gott beauftragt, weiterhin Dienst im Heiligtum zu tun. Ihr Glaube wurde auf die Probe gestellt. Sie wurden nämlich verspottet als die Übriggebliebenen. Ausgelacht zu werden macht traurig. Die Verspotteten sprachen sich selbst Mut zu und fragten sich: „Warum nur bin ich so traurig? Ich weiß doch, dass Gott mir hilft."

Leider geht das Wissen um den hilfreichen Gott mitunter verloren. Man hat zwar noch schöne Zeiten in der Erinnerung, aber nicht gewünschte Entwicklungen überrollen die Gegenwart. Da kommt mancher Glaube ins Wanken und fragt Gott: „Warum hast du mich vergessen?" Ungeahnte Schwierigkeiten stellen sich ein. Aus Missverständnissen und Rivalitäten entsteht Feindschaft. Man fühlt sich bedrängt. Freunde und Kollegen, die wissen, dass man Christ ist, fragen: „Wo ist nun dein Gott?" Solche und ähnliche Fragen brauchen uns nicht zu irritieren. Gott ist da. Er wird in dem Moment, den er für den richtigen hält, helfen. Und ich werde ihm danken.

Mitunter sieht es aus, als hätten die Feinde Gottes das letzte Wort. Falsche und böse Menschen erschweren unseren Weg und wollen uns den Glauben rauben. Das war schon immer so. Deshalb fragt der Beter, dem wir Psalm 43 verdanken: „Warum muss ich so traurig gehen, wenn mein Feind mich drängt?" Er bittet um Erleuchtung von Gott und den Mut, die Wahrheit zu lieben. Er möchte nicht feindlichen Parolen zum Opfer fallen, sondern will bei der Wahrheit bleiben. Im alten Israel war der Tempel der Ort der Gegenwart Gottes und der Begegnung mit ihm. Das ist heute anders. Wir können uns erwartungsvoll an Jesus Christus wenden. Mit ihm kann ich noch vertrauensvoller sprechen als mit meinem besten Freund.

Ein verkorkstes Leben wird erneuert

Legt von euch ab den alten Menschen.
Epheser 4,22

Ein 58-jähriger Mann aus Myanmar, dem früheren Burma, hatte die Absicht, sein Einkommen aufzubessern. Dazu wollte er im Haus eines Bekannten ein paar handwerkliche Arbeiten erledigen. Das sah der Eigentümer, ein Christ, als gute Gelegenheit, seinen Glauben zu bezeugen. Dabei sollte sein Radiogerät helfen, mit dem er regelmäßig die Sendungen von Trans World Radio (TWR) in burmesischer Sprache hörte. Das Gerät war angestellt, als der Helfer seine Arbeit aufnahm.
Der Mann, der einen buddhistischen Hintergrund hatte, war bekannt für sein Alkoholproblem. Wäh-

rend er arbeitete, folgte er gespannt dem Programm. Das war für ihn so interessant, dass er fragte, ob er wiederkommen und ein paar Freunde mitbringen dürfe. Er brachte nicht nur einen oder zwei Freunde mit, er kam mit 18 Leuten, die sich um das Radio drängten, um die Botschaft von der Liebe Gottes zu hören. Während der folgenden Wochen berührte Gott das Herz dieses Mannes. Er übereignete sein Leben Jesus. Dasselbe taten auch andere in der Gruppe, darunter ein buddhistischer Mönch. Das Alkoholproblem dieses Mannes ist jetzt Vergangenheit. Drei Jahre später wurde er Leiter einer christlichen Gemeinde.

Dieser Mann erlebte eine wunderbare Erneuerung seines Lebens, eine Wiedergeburt. Er konnte sagen: „Gelobt sei Gott, der Vater unseres Herrn Jesus Christus, der uns nach seiner großen Barmherzigkeit wiedergeboren hat zu einer lebendigen Hoffnung durch die Auferstehung Jesu Christi von den Toten" (1. Petrus 1,3). Wenn ein Mensch sich von Jesus Christus ergreifen lässt, verändert sich das Leben so radikal, dass auch andere es sehen und Ähnliches erleben wollen. Die Neuwerdung kann man nicht erzwingen oder ererben. Sie ist ein Geschenk. Ein Geschenk muss der Beschenkte annehmen. Die Bibel macht deutlich, dass nur einer, der Jesus annimmt und sich zutiefst mit ihm verbindet, das Recht erhält, ein Kind Gottes zu werden (Johannes 1,12), von Neuem geboren zu werden, wie bei diesem Mann aus Myanmar zu sehen.

Wer wiedergeboren ist, erfährt Gottes Barmherzigkeit. Diese ist kein unverbindliches Mitleid, sondern eine Rettungsaktion. Gott will alle auffangen, die ihr Leben selbst nicht auf die Reihe bringen. Gottes Barmherzigkeit zeigt sich als unverdiente Hilfe. Diese auszuschlagen ist töricht. Mit Gottes Barmherzigkeit zu leben hilft nicht nur in diesem Leben, sondern auch dann, wenn wir einmal die Augen für immer geschlossen haben und in die Welt Gottes eintreten.

Durch Nacht zum Licht

Wer zu mir kommt,
den werde ich nicht hinausstoßen.
Johannes 6,37

Blind sein ist schwer. Immerhin kann Blinden hierzulande geholfen werden. Anders ist es in Afrika und Asien. Dort geht man oft sehr unbarmherzig mit ihnen um, ihre Blindheit wird als eine Bestrafung durch Gott oder böse Geister angesehen. Man meint, dass entweder der Blinde selbst oder seine Eltern schuldig seien. Vater und Mutter finden kaum Mitgefühl. Darum ist die Bedeutung von Missionen, die sich um Blinde kümmern, gar nicht hoch genug einzuschätzen.

Vicent Otyang wurde in Uganda als Kind blind geboren. Seine Eltern waren sehr arm, er konnte zunächst nicht einmal die Schule besuchen. Er sah es als göttliche Führung an, dass er, etwas älter geworden, zur Thika-Blinden-Schule in Kenia gehen konnte.

Vicent war ein begeisterter Radiohörer und hatte ein kleines Radiogerät. Auf seiner Suche nach einem ansprechenden Sender war er auf Trans World Radio (TWR) gestoßen. Die Verkündigung des Evangeliums durch das Radio faszinierte ihn. Er hörte den Sender an jedem Abend. Neue Dimensionen taten sich vor ihm auf. Er hatte den Herzenswunsch, auch glauben zu können. Er fühlte sich dazu nicht würdig, konnte sich gar nicht vorstellen, dass Gott sich um ihn kümmern würde.

Eines Abends folgte er der Aufforderung des Radiopredigers, Gott anzusprechen. Er betete: „Herr Jesus Christus, ich will dir gehören. Mach doch etwas aus meinem Leben." Nur kurze Zeit später, wieder bei einer Abendsendung, geschah etwas ganz Wunderbares: Er konnte auf einmal sehen.

Immer wieder ist uns von Blinden bezeugt worden, dass sie nach ihrer Hinwendung zu Jesus zum lebendigen Glauben gekommen sind. Dass ein Blinder seine Blindheit loswurde, das hatte man noch nicht erlebt. Als die Nachricht von der Heilung das TWR-Büro in Nairobi erreichte, hatten einige der Mitarbeiter Probleme, das Geschehene zu glauben.

Eines Tages stand Vicent vor ihnen. Miteinander lobten und priesen sie Gott für das, was er getan hatte. Ich erlebte damals diese Freude mit. Ich lernte den Geheilten kennen, bevor er später nach Uganda ging, um den Menschen in seiner Heimat Christus zu bezeugen.

Der Kleinglaube der Mitarbeiter war verständlich. Als Jesus mit seinen Jüngern sprach, stellte er fest, dass sie ihn gesehen und gehört hatten und ihm doch nicht glaubten. Das veranlasste ihn, eine Verheißung auszusprechen, deren Erfüllung unzählig viele Sehende und auch Blinde seither in ihrem Leben erfahren haben: „Wer zu mir kommt, den werde ich nicht hinausstoßen."

Für eine Wohnung beten?

Du, Herr, bist alles, was ich habe.
Psalm 16,5

In den Städten ist der Wohnraum knapp. An manchen Orten werden Altbauten aufgekauft, modernisiert und dann wieder teuer vermietet. Empfänger kleiner Renten sind übel dran. Die Medien berichten davon, dass es auf dem Land noch einfacher ist, Wohnraum zu kommen. Man hört sogar die Empfehlung, größere Betriebe aus den Städten aufs Land auszulagern. Gut haben es Erben. Wohl dem, der das Haus seiner Großeltern oder einer Tante übernehmen kann.

Im Psalm 16 heißt es: „Du, Herr, bist alles, was ich habe; du gibst mir, was ich zum Leben brauche. In deiner Hand liegt meine Zukunft. Ich darf ein wunderbares Erbe von dir empfangen, ja, was du mir zuteilst, gefällt mir" (Verse 5 und 6). Gute Freunde von mir in Amerika entnehmen, wie Christen in aller Welt, ihrer täglichen Bibellese Worte, die sie als Weisung Gottes empfinden. So auch mein Freund Bill und seine Frau Joan. Über vier Jahrzehnte standen sie im Dienst einer weltweit tätigen Missionsgesellschaft. Während dieser Zeit lebten sie in 21 Häusern oder Wohnungen in acht Ländern auf fünf Kontinenten. Vor einigen Jahren wurden sie nach Amerika zurückgerufen, um dort tätig zu sein.

Nun war es ihnen zum ersten Mal in ihrem Leben möglich, nach einem eigenen Haus Ausschau zu halten. Es musste etwas Bescheidenes sein, denn ihr Gehalt war während all der Jahre so gering, dass sie keine großen Summen ansparen konnten. Zudem hatten sie besondere Vorstellungen. Bereits vor ihrer Rückkehr nach Amerika hatten sie eine Liste angelegt mit etwa 25 Bedingungen, die sie an ihr künftiges Haus stellten. Es sollte nicht zu groß sein und doch Platz bieten, wenn die erwachsenen Kinder zu Besuch kämen. Es sollte hell und freundlich sein und auch einen Raum haben, der als Werkstatt zu nutzen wäre.

Nach einigen vergeblichen Anläufen zeigte ihnen die Maklerin eines Tages ein Haus, von dem sie meinten, es sei geeignet. Sie erbaten Klarheit von Gott. An dem Tag, als der Kaufvertrag unterzeichnet werden sollte, lasen sie in ihrer Morgenandacht Psalm 16: „Der Herr ist mein Gut und mein Teil; du hältst mein Los in deinen Händen! Das Los ist mir gefallen auf liebliches Land; mir ist ein schönes Erbteil geworden." Da schauten sich die beiden an und wussten ohne weitere Diskussion: „Jetzt können wir getrost unterschreiben." Sie erlebten eine glückliche Zeit in diesem Haus, bis sie schließlich in ein Seniorenheim übersiedelten.

Ist es nicht immer wieder überraschend, wie aktuell und treffsicher Gottes Wort ist? Und das, obwohl so viel Zeit vergangen ist, seit diese Worte aufgeschrieben wurden:

„Ich preise den Herrn, denn er gibt mir guten Rat. (…) Darüber freue ich mich von ganzem Herzen, alles in mir bricht in Jubel aus. Bei dir, Herr, bin ich in Sicherheit" (Psalm 16,7.9).

Aus dem Dunkel ans Licht

Wer im Finstern wandelt und wem kein Licht scheint,
der hoffe auf den Namen des Herrn
und verlasse sich auf seinen Gott!
Jesaja 50,10

Die Tage sind wieder kürzer. Länger dauert die Dunkelheit des Abends und der Nacht. Mir ist das Tageslicht lieber. Wenn es so lange dunkel bleibt, denke ich manchmal an die Kriegs- und Nachkriegszeit. Damals kannte man die sogenannte Stromsperre. Nur für wenige Stunden gab es elektrisches Licht. Wenn in der Bibel von Licht und Dunkelheit gesprochen wird, ist nicht nur an den Verlauf des Tages und der Nacht gedacht. Auch an Stromsperren ist da nicht gedacht. Licht, das steht vielmehr für Ordnung und Klarheit. Finsternis ist gleichbedeutend mit Orientierungslosigkeit, Werteverlust, Lieblosigkeit, Egoismus, Verbreitung von Gerüchten, Mobbing, Hasskampagnen in den sozialen Medien. Finsternis, das ist auch Ratlosigkeit im Alltag bis hinein in die Wirtschaft, das Bankwesen und die digitale Zukunft.

Der Bibelspruch ruft dazu auf, sich nicht damit abzufinden, dass man im Dunkeln lebt. Wir sollen vielmehr dem Herrn vertrauen, dem allmächtigen Gott. Wer sich von ihm beraten lässt, kann sich in der Dunkelheit nicht verirren. Der auferstandene und darum lebendige Jesus Christus will uns bewahren, sodass wir gar nicht erst in die Dunkelheit geraten. Jesus hat versprochen: „Ich bin das Licht der Welt. Wer mir nachfolgt, der wird nicht wandeln in der Finsternis" (Johannes 8,12). Das hat mancher erkannt und gebetet: „Jesus Christus, sei du mein Licht, erleuchte mich."

Wie sieht es praktisch aus, wenn einer nicht in der Finsternis bleibt, sondern zum Licht findet? Ich erinnere mich an einen Alkoholiker, der sich selbst und seine Angehörigen unglücklich machte. Doch er fand zum Glauben an Jesus Christus. Der schenkte ihm die Kraft und den Willen, mit dem Trinken aufzuhören. Auch Drogenabhängigen kann geholfen werden, von der Finsternis zum Licht zu kommen. Das geschieht, wenn ein Süchtiger sich von Christus erleuchten lässt. Durch die Hinwendung zu Christus wird er von seiner Sucht frei. Christus nimmt die Sucht ab. Licht wird es auch, wenn sich Eheleute, die verkracht waren, durch ihre Verbindung mit Jesus Christus aus der Finsternis des Hasses und Missverstehens herausführen lassen, sich versöhnen und so erleben, dass die Ehe wieder heil wird. Jesus hat versprochen: „Glaubt an das Licht, solange ihr's habt, auf dass ihr des Lichtes Kinder werdet" (Johannes 12,36).

Eine erstaunliche Führung

Ich bin als Licht in die Welt gekommen,
auf dass, wer an mich glaubt,
nicht in der Finsternis bleibe.
Johannes 12,46

Es ist kaum zu begreifen, wie wunderbar Menschen ihren Weg finden, wenn sie sich der Führung Gottes anvertrauen. König David hat das erfahren. Er sagte zu seiner Zeit: „Ich rufe zu Gott, dem Allerhöchsten, zu Gott, der meine Sache zum guten Ende führt" (Psalm 57,3).

Diese Erfahrung von König David haben Jahrhunderte nach diesem König viele Menschen gemacht, die es gelernt haben, dem Allerhöchsten zu vertrauen. Sie haben begriffen, dass man diesem Herrn in jeder Lage vertrauen kann, selbst in den dunkelsten Stunden des Lebens. Dieser Glaube ist wegweisend, gibt Mut und Zuversicht, schenkt Freude und Kraft, bewahrt vor falschen Freunden und führt aus verfehlten Lebenslagen. Das Vertrauen, von dem David einst sprach, schenkt uns heute Christus. Wohl dem, der es gelernt hat, sich an ihn zu binden und auf seine Zusagen zu verlassen.

Das erlebte in Kolumbien der Besitzer einer Plantage, auf der Kokainpflanzen kultiviert wurden. Der Mann war in den Drogenhandel verwickelt. In seiner freien Zeit las er gern. Einmal hatte er versäumt, sich Lesestoff zu besorgen. Die Besitzerin einer Nachbarplantage gab ihm ein Neues Testament, das ihr Sohn bekommen hatte, als er in der Armee diente. Der Drogenhändler las darin mit wachsendem Interesse. Eines Tages verunglückte er. Seine Arbeiter hatten gerade Urlaub. Er war allein, hatte große Schmerzen. Um sich abzulenken, schaltete er das Radio ein und hörte „Radio Trans Mundial", einen christlichen Sender. Es lief die Sendung eines Radiopredigers. Wie ihn das ansprach, berichtete er später: „Der Mann beschrieb ganz genau mein Leben, meine Sünde, meine Leere. Ich hörte zu. Mir war klar: Es gibt keine andere Alternative für mich, als Jesus zu bitten, in mein Leben zu kommen."

Er erlebte, dass er durch den Glauben an Jesus aus seiner verfehlten Vergangenheit herausgezogen und in ein neues Leben geführt wurde. Er machte einen Bibel-Korrespondenzkurs. Seine Erfahrung wirkte ansteckend. Mehrere seiner Mitarbeiter änderten ihr Leben ebenfalls. In den kommenden Monaten wurden zwölf ehemalige Coca-Farmer Prediger des Evangeliums.

Christliche Sendungen in Kanuri

Ihr gedachtet es böse mit mir zu machen,
aber Gott gedachte es gut zu machen.
1. Mose 50,20

Im Norden Nigerias, des bevölkerungsreichsten afrikanischen Landes, müssen die Menschen ständig in Angst vor der Terrororganisation Boko Haram leben. Führend sind in ihr die Kanuri. Seit dem 11. Jahrhundert geben sie in diesem Gebiet den Ton an. Seit einigen Jahren führen sie als Terrorgruppe ihre Kämpfe im Nordosten Nigerias, betroffen sind aber auch die Länder Niger und Tschad. Nicht ganz eindeutig ist die Bedeutung des Namens „Boko Haram", was meist als „Bildung verboten" wiedergegeben wird. Ziel der Terroristen ist die Einführung der Scharia und das Verbot westlicher Bildung. Die Beteiligung an Wahlen wird abgelehnt. Erbarmungslos werden Christen bekämpft. Vorbei sind die relativ friedlichen Zeiten, in denen Männer oder Frauen als Missionare in irgendein afrikanisches Land gehen konnten, um dort Menschen für Jesus zu gewinnen. In unseren Tagen erfordert Missionsarbeit eine hingebungsvolle Bereitschaft, die Botschaft von Jesus an einheimische Männer und Frauen weiterzugeben. Erfreulich, dass es in verschiedenen Gebieten Afrikas zur Gründung christlicher Gemeinden gekommen ist. In Nigeria gibt es unter den Kanuri viele Christen und christliche Gemeinden. Einige von ihnen werden unterstützt von Trans World Radio (TWR). Da es kein Studio in jener Gegend gibt, reist man zu Aufnahmen in das benachbarte Kamerun. In dem aber sind Kanuri nicht gern gesehen. Wer nach Kamerun will, braucht ein Visum und eine besondere Reisegenehmigung.

Da es in jüngster Zeit von den Kanuri verursachte Unruhen gegeben hatte, war man an der Grenze sehr streng. Die TWR-Leute hatten diese besondere Genehmigung nicht und mussten zurückkehren, um sich die erforderlichen Papiere zu besorgen, was mit allerhand Schwierigkeiten verbunden war. Schließlich hatte man die Dokumente beisammen, die beim Übergang nach Kamerun gründlich geprüft wurden. Alle Prozeduren, die erst wie ein Nachteil wirkten, sorgten dann aber dafür, dass die Einreisenden beinahe behandelt wurden wie „VIPs". Viele Kontrollen erwiesen sich gleichsam als schützende Begleitung. Die Tonaufnahmen konnten erfolgreich durchgeführt werden und bereichern nunmehr das Programm, das der TWR-Sender aus Benin ausstrahlt.

Helfen um jeden Preis?

Wir danken Gott, dem Vater unseres Herrn Jesus
Christus, und beten allezeit für euch.
Kolosser 1,3

In einer indischen Stadt arbeitete ein Schneider in seiner Werkstatt. Unerwartet trat ein Gast ein, der ein kurzes Gespräch suchte. Der Mann appellierte an den christlichen Glauben des Schneiders und an die gleiche Stammeszugehörigkeit und bat um Hilfe. Die Regeln jenes Stammes besagen, dass man jemandem, der in Not sei, helfen müsse, das allerdings nur einmal im Leben. Der Fremde erwartete nun von dem Schneider eine finanzielle Unterstützung.

Der war hin- und hergerissen. Er war sich sicher, dass dieser Mann das Geld vertrinken würde. Gern hätte er ihm die Hilfe versagt. Aber dann gab er ihm das Geld mit den Worten: „Ich weiß zwar, dass du es vertrinken wirst; aber weil das nun der Brauch unter uns ist, will ich dir helfen. Du sollst jedoch wissen, dass ich jeden Tag für dich beten werde, bist du vom lebendigen Gott dein Leben ändern lässt." Der Mann steckte das Geld ein und zog lachend davon.

Der Schneider hielt sich an seine Zusage und betete jeden Tag für den Mann. Nach einigen Wochen kam dieser zurück und sagte: „Ich werde deine

Worte nicht los. Das Geld, das du mir gegeben hast, habe ich noch vertrunken, aber seither habe ich keinen Alkohol mehr zu mir genommen. Ich komme nicht zur Ruhe. Ich muss ständig daran denken, dass du dafür betest, dass ich ein neues Leben beginnen soll. Ich will tatsächlich nicht mehr so weiterleben wie bisher. Hilf mir doch!" Wie froh war da der Schneider, dass er in seinem Gebet nicht müde geworden war. Es gab ein langes Gespräch zwischen den beiden und der Schneider wies seinem Stammesgenossen den Weg zu Christus.

Ich finde es vorbildlich, wie der Schneider geholfen hat, obwohl er ahnte, dass das gegebene Geld verloren war. Wir erfuhren diese Geschichte, weil er, ein Hörer der Sendungen von Trans World Radio, einem der dortigen Mitarbeiter seine Geschichte erzählte.

Der vergessene Vater

Seht nun sorgfältig darauf, wie ihr euer Leben führt, nicht als Unweise, sondern als Weise.
Epheser 5,15

Twitter, Facebook und andere soziale Medien ermöglichen eine umfangreiche Kommunikation und einen schnellen Austausch von Gedanken. Das gute alte Radio scheint da etwas in Vergessenheit zu geraten. Das mag für Zentraleuropa zutreffen. Es gibt aber Gebiete, zum Beispiel in Südamerika, wo man dankbar ist, dass Radiosendungen noch immer nicht nur Neuigkeiten verbreiten, sondern von Zeit zu Zeit auch Menschen verbinden.

Lemuel, Produzent und Sprecher eines christlichen Radioprogramms, das über einen Sender in Uruguay ausgestrahlt wird, berichtet, wie er eines Freitags im Studio stand, als einer seiner Helfer, der am Telefon Reaktionen von Zuhörern entgegennahm, ein Schild ans Fenster des Studios hielt: „Mann droht mit Selbstmord!" Es lief gerade eine Livesendung, die nicht gestört werden sollte. Lemuel gab seinem Helfer ein Zeichen und bat, das Telefonat sofort ins Studio zu legen.

Ein alter Mann war am Apparat, der mit tränenerstickter Stimme davon sprach, dass er jetzt seinem Leben ein Ende setzen wolle. „Meine Frau ist vor drei Jahren an Krebs gestorben. Ich habe 13 Söhne, aber seit meine Frau gestorben ist, hat sich nicht einer von ihnen um mich gekümmert." Lemuel hatte keine Gelegenheit, dem Anrufer zu antworten, denn der beendete das Gespräch abrupt. Aber seine Klage war über den Sender gegangen.

Eine gute halbe Stunde später klingelte das Telefon erneut. Lemuel war noch immer auf Sendung, als der Helfer erneut ein Schild zeigte, diesmal mit den Worten: „Jetzt ist einer der Söhne am Telefon." Der Radioprediger unterbrach daraufhin seine

Sendung, ließ das Telefongespräch hereinlegen und hörte: „Sie haben da vorhin die Stimme eines alten Mannes übertragen, der 13 Söhne hat. Ich bin wohl einer dieser Söhne. Ich habe gerade mit meinen Brüdern gesprochen. Wir sind nach dem Tod der Mutter selbst so traurig gewesen und hatten mit unseren Familien zu tun, dass wir unseren Vater ganz vergessen haben. Es tut uns furchtbar leid." Und dann bat dieser Sohn über den Sender auch im Namen der anderen Brüder: „Vater, vergib uns bitte!"

Glücklicherweise hatte der Vater seinem Leben noch kein Ende gesetzt und hörte den Ruf seiner Söhne über das Radio. Er vereinbarte ein Treffen mit ihnen. Es kam zu einem Wiedersehen. Nur kurze Zeit später gründeten der alte Vater, die Söhne mit ihren Frauen und die Enkelkinder eine Bibelgruppe in Montevideo.

Geheimnisvolle Führung

Eines jeden Wege liegen offen vor dem Herrn,
und er hat acht auf aller Menschen Gänge.
Sprüche 5,21

Vieles wird in der Bibel bildhaft dargestellt. Da ist zum Beispiel vom Auge Gottes die Rede und von seinen Ohren. Das sind anthropomorphe, vermenschlichende Ausdrücke, die natürlich nicht wörtlich auszulegen sind, die aber helfen sollen, ein Verständnis für Gottes Wirken zu bekommen. Wenn davon gesprochen wird, dass des Herrn Augen alle Lande schauen, dann ist das ein Hinweis darauf, dass Gott nichts verborgen bleibt. Das Wort will uns auch Mut machen, Gott zu vertrauen. Er hört und sieht alles, ob wir ihn bei Tag oder Nacht anrufen, ob wir unterwegs oder daheim sind.

Das erfuhr auch Rita, die auf dem Weg zu einem Missionseinsatz in Brasilien war. Sie bemühte sich um Orientierung, als sie auf dem großen Flughafen von São Paulo gelandet war, denn sie musste einen Anschlussflug nach Belo Horizonte finden. Doch alle, die sie ansprach, verstanden sie nicht, denn sie sprachen Portugiesisch. Sie suchte nach jemandem, der die englische Sprache konnte, aber ihre Suche erwies sich als vergeblich. Enttäuscht und ratlos setzte sie sich auf eine Bank im Flughafengelände. Sie betete: „Herr, zeige mir doch den Weg. Lass mich entdecken, wie es weitergehen muss."

Auf einmal setzte sich eine Frau neben sie. Rita sprach auch diese Frau an und fragte: „Verstehen Sie Englisch?" – „Ja", sagte die Frau, „ich bin Amerikanerin." Rita fragte weiter: „Können Sie mir vielleicht sagen, wo ich hin muss, um nach Belo Horizonte weiterzufliegen?" Die Amerikanerin wollte von ihr wissen: „Was möchten Sie denn dort machen?" Rita antwortete: „Ich möchte zum Missionshaus der Organisation ‚Weltweiter Einsatz für Christus', um dort mitzuarbeiten." Da erwiderte die Amerikanerin: „Ich bin gerade auf dem Weg zu diesem Missionshaus, denn ich arbeite dort. Ab jetzt können wir zusammen reisen und ich kann Sie dort hinbringen." Rita war fröhlich überrascht und spürte eine große Dankbarkeit über die Maßarbeit Gottes, den sie so sehr angefleht hatte, ihr doch den Weg zu weisen.

Verlass das Schiff!

Darum habe ich auch geschrieben,
damit ich erkenne, ob ihr rechtschaffen seid,
gehorsam in allen Stücken.
2. Korinther 2,9

Es gehört zu den großen Erfahrungen, dass es im Laufe unseres Glaubenslebens immer häufiger geschieht, dass wir nicht nur mit Gott sprechen, sondern dass wir ihn auch hören.
Eine solche Erfahrung machte der große Indienmissionar Eli Stanley Jones im letzten Weltkrieg. Bei Kriegsausbruch befand er sich in China. Als die Japaner mit der Invasion begannen, war ihm klar, dass er möglicherweise den ganzen Krieg dort verbringen müsste, wenn es ihm nicht gelingen

würde, China schnell zu verlassen. Er fand einen Frachter, der in Richtung Indien fuhr. Einige persönliche Habseligkeiten brachte er an Bord. Das Schiff schipperte langsam von Hafen zu Hafen. Zuletzt wurde noch ein wenig befahrener Hafen in Burma angelaufen.

Es gehörte zu den Gewohnheiten von Jones, nicht nur um Bewahrung zu bitten, sondern auch darauf zu hören, was ihm der Heilige Geist zu sagen hatte. So hörte er, kaum war das Schiff im Hafen, die innere Stimme: „Verlass dieses Schiff!" Jones war verwirrt. In diesem Hafen bleiben zu müssen würde fast so schlimm sein, wie in China festzusitzen. Aber der Heilige Geist wiederholte seine Aufforderung: „Verlass das Schiff!" Weil Jones gelernt hatte, auf das zu hören, was ihm durch den Heiligen Geist gesagt wurde, ließ er, wenn auch widerstrebend, seinen Besitz vom Schiff abladen.

Er blieb am Kai stehen, während das Schiff wieder hinausfuhr. Er fühlte sich wie ein Narr und wusste, dass es nun noch schwieriger werden würde, nach Indien zu kommen. Als das Schiff knapp zwei Kilometer vom Hafen entfernt war, hörte er einen furchtbaren Knall und sah, wie Feuer und Rauch die Luft erfüllten. Das Schiff versank. War es torpediert worden oder auf eine Mine gelaufen? Jones schaute voll Entsetzen aufs Meer und konnte kaum fassen, was er soeben mitangesehen hatte.

Als Jones diese Geschichte später vor Studenten berichtete, schoss sofort eine Hand in die Höhe:

„Wollen Sie damit sagen, dass Sie der Einzige waren, mit dem Gott gesprochen hat?", fragte der Student. „Nein", entgegnete der Gefragte lakonisch, „aber ich war offensichtlich der Einzige, der hingehört hat."

Das Gebet der Tänzerin

Schaffe in mir, Gott, ein reines Herz.
Psalm 51,12

Ein indischer Freund, der Sendungen für Trans World Radio (TWR) betreut, berichtete von einer jungen indischen Tänzerin. Die junge Frau trat regelmäßig in einem Fünfsternehotel in Mumbai (Bombay) auf. Während ihres Tanzens war sie nur spärlich bekleidet. Sie erntete viel Beifall, der sie aber nicht glücklich machte, im Gegenteil, nach jedem Auftritt war sie freudlos und unzufrieden. Eines frühen Morgens, gegen vier Uhr, wollte sie nach ihrem Tanzprogramm schlafen gehen. Sie versuchte, die Augen zuzumachen, aber sie konnte einfach nicht einschlafen. Sie war ruhelos. Im Grunde genommen widerte ihr Leben sie an. Sie durchschaute die Hohlheit all derer, die ihr Beifall klatschten, und sah keinen Weg für die Zukunft. Sie wollte sich nicht in den kommenden Jahren ihres Lebens immer wieder vor anderen Menschen zur Schau stellen. Eine innere Stimme sagte ihr, sie solle einfach Schluss machen und sich das Leben nehmen.

Neben ihrem Bett hatte sie ein Radio. Ohne sich dessen richtig bewusst zu sein, was sie tat, stellte sie das Gerät an. Sie hörte einen wunderschönen Gesang in der Hindi-Sprache. Sie verstand die Worte, lauschte aufmerksam. Das, was da zu ihr drang, war auf gesungene Weise die Botschaft von Jesus Christus, der in einem Viehstall zur Welt kam und schon kurze Zeit danach mit seinen Eltern auf die Flucht ging, dem nichts im Leben erspart blieb, der die Güte selbst war und der trotzdem hingerichtet wurde. Sie hörte die Botschaft, dass dieser Jesus zwar nicht mehr auf der Erde sei, aber von seiner Welt aus all denen helfen würde, die ihn darum bitten.

Der Heilige Geist gebrauchte dieses Lied, um das Herz der jungen Frau zu berühren. Sie kniete vor ihrem Bett nieder und betete. Sie sprach zu diesem ihr bis dahin unbekannten Gott, von dem der Redner aber gesagt hatte, dass und wie man ihn anreden könne: „Herr Jesus, wenn du wirklich das Heil bringst, dann hole mich aus meinem Unheil heraus. Das Leben, das ich jetzt führe, ist kein wirkliches Leben, obwohl viele Menschen, die mich sehen, Abend für Abend Beifall spenden. Aber das reicht nicht. Wenn du der bist, von dem eben der Redner gesprochen hat, dann möchte ich dir gehören. Ich möchte, dass du mein Leben übernimmst und mich in eine bessere Zukunft führst." Das Gebet wurde erhört. Die junge Frau schaffte es, aus ihrem Engagement entlassen zu werden. Sie trat nie wieder in einem Hotel oder anderen Etablissements auf. Heute ist sie eine überzeugte Christin. Sie schrieb an das indische Büro von TWR und schickte ein Bild mit. Sie äußerte in ihrem Brief die Bitte: „Tretet doch vor Gott dafür ein, dass ich richtig glauben kann. Ich will mein Leben im Vertrauen auf Jesus führen."

Das Leben im richtigen Licht sehen

Ihr wart früher Finsternis;
nun aber seid ihr Licht in dem Herrn.
Wandelt als Kinder des Lichts.
Epheser 5,8

Manche Menschen haben die Gabe, wie ein Licht im Dunkeln zu leuchten. Sie verbreiten Freude, trösten, machen Mut. In der Bibel lesen wir im Epheserbrief die Aufforderung, als „Kinder des Lichts" zu leben. Immer wieder habe ich Menschen getroffen, die gelebt haben, wozu dieses Wort ermuntert. Ich erinnere mich zum Beispiel an eine Frau, die als junger Mensch – noch während des Krieges – ihr Studium an der Hochschule für Werkkunst in Dresden begann. Viele hatten in jener Zeit große Erwartungen. Sie meinten, durch den Nationalsozialismus könnte die Welt verändert werden. Das dachte auch diese junge Frau. Diese Hoffnungen platzten aber.

„Was nun?", fragte sie sich. Manches im Leben der jungen Frau war nicht gut gelaufen. Sie begann, neue Hoffnung zu schöpfen, als sie eine christliche Jugendgruppe besuchte. Eines Abends hörte sie einen biblischen Vortrag. Der Redner machte Mut, im Gebet vor Jesus Christus auszusprechen, was nicht richtig gelaufen war, und dafür um Vergebung zu bitten. Die Kunstschülerin folgte der Einladung. Der neu gewonnene Glaube schenkte ihr eine andere Lebensperspektive. Die junge Frau fasste den Entschluss, sich Jesus Christus ganz zur Verfügung zu stellen. Sie wurde Diakonisse. Das Motto ihrer Schwesternschaft lautete: „Ins Licht kommen – im Licht leben – im Licht bleiben".

Ich hatte das Vorrecht, Christa O. zu begegnen. Sie war viele Jahre hindurch Oberin ihrer Schwesternschaft. Inzwischen im Ruhestand, schaut sie dankbar auf ein erfülltes Leben zurück. Vielen Menschen in verschiedenen Lebenslagen hat sie helfen können. Bei ihrer Verabschiedung aus dem aktiven Dienst schenkte man ihr eine Staffelei. Sie begann ein zweites Mal in ihrem Leben, mit Pinsel und Farbe zu arbeiten. Das Ziel ihres Schaffens ist, mit Bildern auszudrücken, was es heißt, im Licht zu leben. Mit warmen Farben will sie zum Ausdruck bringen, dass Jesus Christus, das Licht der Welt, Hoffnung über den Tod hinaus gibt.

Bibelstellen-Register

Horst Marquardt

1929-2020, Rundfunk-Journalist, studierte evangelische Theologie in Frankfurt und war als Pastor der Evangelisch-methodistischen Kirche tätig in Berlin, Wien und Wetzlar. 1960-1993 Programmdirektor des Evangeliums-Rundfunks (ERF). 1994-1997 Internationaler Direktor von Trans World Radio (TWR) für die Sowjetunion, den Mittleren Osten und Afrika. 1973-1986 Sprecher bei „Das Wort zum Sonntag". 1990-2017 Gründer und Vorsitzender der Nachrichtenagentur Idea. Bis Juni 1999 Vorsitzender der Lausanner Bewegung Deutschland. Leiter der ständigen Arbeitsgruppe Islam der Lausanner Bewegung. Vorstandsmitglied der Deutschen Evangelischen Allianz. Mitbegründer und Vorstand des Kongresses christlicher Führungskräfte. Mitbegründer der Konferenz Evangelikaler Publizisten (kep). Mitglied im Vorstand des Evangelischen Seniorenwerks (ESW).

Hans-Martin Heins
Geborgen unter Gottes Wort
Mit den Wochensprüchen
durch das Jahr

Die Wochensprüche bringen
die Essenz jedes Sonn- oder
Feiertages im Kirchenjahr auf
den Punkt. Sie sind in weiten
Teilen der Kirchen und
Gemeinden verbreitet,
werden aber oft kaum
wahrgenommen.

Lassen Sie sich von Hans-Martin Heins einladen zu einem
intensiven Jahr unter Gottes Wort. Die 72 Andachten öffnen
die Schatzkammer des jeweiligen Bibelwortes und schließen
den ganzen Reichtum auf, der darin steckt. Mit jeweils einem
abschließenden Gebet und einem Liedvorschlag aus dem
Evangelischen Gesangbuch entsteht so eine wöchentliche
Andacht, deren Wirkung sich über viele Jahre entfaltet.
Denn in jedem einzelnen wiederkehrenden Wochenspruch
leuchtet nun ein neuer Glanz – ein kostbarer, biblischer
Edelstein, der in die Woche hineinstrahlt.

176 Seiten, gebunden, 11 x 18 cm.
Bestellnummer RKW 5024

Reinhold Ruthe
Tägliche Audienz bei Gott
365 Andachten

Als geliebte Kinder Gottes haben wir das Privileg, jeden Tag mit dem Herrscher der Welt zusammenzukommen. Jedes Bibelwort ist eine Einladung zum Gespräch mit dem liebevollen Vater. Er lässt uns teilhaben an seiner Weisheit und gibt uns Richtung für unser Leben.

Mit seiner langjährigen Erfahrung als Seelsorger legt Reinhold Ruthe in seinen Tagesandachten Bibelworte aus und schafft den Bezug zum Alltag. Belesen schöpft er aus seinem reichen Erfahrungsschatz und spickt seine Gedanken mit vielen Zitaten und Anekdoten, nimmt Bezug auf wissenschaftliche Erkenntnisse oder Ereignisse und garniert das Ganze mit kompakten poetischen Texten. Ein kurzes Gebet beschließt die Audienz - und der Tag kann kommen.

384 Seiten, gebunden, 14 x 21 cm, mit Lesebändchen.
Bestellnummer RKW 5023

Doris Schulte
So lebt sich's wirklich gut
Mein Andachts-Tagebuch
für das ganze Jahr

Ein einfaches Konzept, um hilf-
reiche Bibelworte nachhaltig
im Leben zu verankern:
Dieses interaktive Andachtsbuch
lädt ein, sich jeweils eine ganze
Woche mit einem von 52 Themen
zu beschäftigen.

Den Auftakt bildet jeweils eine
Bibelstelle, eine Ausführung zum Thema und ein Alltagstipp.
Darauf folgen für 6 weitere Tage zum Wochenthema je eine
Bibelstelle und ein Kurzimpuls – und eine komplette Seite
zum Beschreiben. Denn das tägliche Tagebuchführen ist
das Herzstück der Veränderung.

Machen Sie sich auf zu einer spannenden Reise
durch ein Jahr voller Impulse, die zur Realität
in Ihrem Leben werden!

448 Seiten, gebunden, 14 x 21 cm.
Bestellnummer RKW 5025